TRAUERKOMPASS

Impressum

© 2024 Nancy Schuhmacher

Herausgeber: Dalmanuta Verlag (**dalmanuta-verlag.de**)
Cover-Design: Manuela Jäger mit Canva-KI

Verlags-Label: Dalmanuta-Verlag
ISBN Softcover: 978-3-384-39761-4
ISBN E-Book: 978-3-384-39762-1

Druck und Distribution im Auftrag der Autorin:
tredition GmbH, Heinz-Beusen-Stieg 5, D-22926 Ahrensburg

Bilder: Fotos von Privat, © Nancy Schuhmacher
        Grafiken, KI-generiert über Adobe Photoshop

Bibliografische Information der Deutschen Nationalbibliothek:

Die Deutsche Nationalbibliothek verzeichnet diese Publikation in der Deutschen Nationalbibliografie; detaillierte bibliografische Daten sind im Internet über **https://dnb.d-nb.de** abrufbar.

TRAUERKOMPASS

EIN LEITFADEN
DURCH ABSCHIED UND HEILUNG

NANCY SCHUHMACHER

Inhalt

Aus Gründen der besseren Lesbarkeit wird auf die gleichzeitige Verwendung der Sprachformen männlich, weiblich und divers (m/w/d) verzichtet.
Sämtliche Personenbezeichnungen gelten gleichermaßen für alle Geschlechter.

Der Tod an unserer Seite

Der Tod ist immer an unserer Seite von der Geburt an bis zum Sterben. Oft lernen wir von klein auf durch Ereignisse (z.B. Versterben eines Herzensmenschen), dass das Leben unvermeidlich mit dem Tod verbunden ist. Doch oft wird der Tod in Schweigen gehüllt, in dunkle Ecken unseres Bewusstseins verbannt, als wäre er ein unerwünschter Gast auf einem fröhlichen Fest.

Doch warum fürchten wir uns so sehr vor dem, was unausweichlich ist? Vielleicht, weil wir den Tod mit Endgültigkeit und Verlust gleichsetzen, mit einem düsteren Schleier, der uns das Licht des Lebens nimmt. Doch könnte es nicht auch anders sein?

Was wäre, wenn wir den Tod als einen Teil des Lebens betrachten würden. Was wäre, wenn wir uns nicht vor ihm fürchten würden, sondern ihn als eine Art weisen Freund begrüßen könnten, der uns daran erinnert (z.B. bei Krankheit, Sterben im Familien- und Freundeskreis), dass unsere Zeit hier begrenzt ist und daher kostbar?

In unseren Familien können wir den Tod nicht verstecken, so sehr wir es auch versuchen mögen. Er ist da, in den Geschichten unserer Ahnen, in den Erinnerungen an geliebte Menschen, die uns verlassen haben. Doch können wir ihm auch Raum geben, Raum für Gespräche, für Tränen, für das Lachen über vergangene Zeiten.

Wir können unseren Kindern beibringen, den Tod nicht als etwas Abstraktes oder Furchterregendes zu sehen, sondern als einen natürlichen Teil des Lebens. Wir können sie lehren, dass der Tod nicht das Ende ist, sondern vielleicht nur ein Übergang, eine Tür zu etwas Neuem, Unbekanntem.

Indem wir den Tod nicht länger als Feind betrachten, sondern als einen stummen Begleiter auf unserem Lebensweg, können wir vielleicht auch unsere Ängste vor ihm überwinden. Wir können lernen, jeden Augenblick zu schätzen, jede Begegnung, jeden Sonnenstrahl, denn wir wissen, dass unsere Zeit hier begrenzt ist.

In den Familien leben wir, und der Tod ist immer an unserer Seite. Lasst uns ihm die Hand reichen, ihn willkommen heißen, als einen alten Freund, der uns daran erinnert, dass das Leben kostbar ist, gerade weil es endlich ist.

Vorwort

Hallo liebe Leserin, lieber Leser,
hallo liebe Kinder,

ich freue mich, dass du dieses Buch in den Händen hältst – eine Reise durch das Land der Trauer, eine Geschichte voller Liebe, Abschied und einer außergewöhnlichen Verabredung.

Dies ist die wahre Geschichte meiner 6-jährigen Tochter Mila und ihres schwerkranken Opas. Es ist eine Geschichte von Mut, Trost und einer einzigartigen Verabredung, die die beiden zu Lebzeiten geschlossen haben. Als der Tag des Abschieds gekommen war und der geliebte Opa gestorben war, malte Mila das Sargoberteil an, begleitet von beider Lieblingsmusik und im Beisein ihres Opis, er lag mit in dem Raum, im offenen Sarg.

Als Mama und Bestatterin war es mir eine Herzensangelegenheit, Mila behutsam in das Land der Trauer zu führen. Gemeinsam betraten wir das Bestattungshaus, sie lernte Särge und Urnen kennen, und ich entzauberte die Angst vor dem Tod als ein Schreckensmonster. Denn der Tod gehört zum Leben wie die Jahreszeiten und sollte keine Furcht, sondern ein Platz für die Abschiednahme des Herzensmenschen bieten.

Dieses Buch ist nicht nur Mila's kindlicher Blick auf Tod, Abschied und Trauer, sondern auch ein Leitfaden für dich. Egal, ob du Kindern begegnest, die mit diesem schweren Thema konfrontiert sind, oder ob du selbst auf deiner eigenen Reise bist, das Schreckensmonster TOD zu entzaubern.

Ich möchte dich mit Inspirationen, Fallbeispielen und Ritualen begleiten – Werkzeuge, die dir helfen können, die kostbare Gelegenheit der Abschiednahme am offenen Sarg zu verstehen und zu nutzen. Denn dieser Moment, so flüchtig er auch sein mag, ist ein Geschenk, das nicht nachgeholt werden kann.

Möge dieses Buch dir Mut machen, Trost spenden und dir ermöglichen, das Tabuthema Tod mit einem kindlichen Blick zu betrachten. Denn der Tod ist ein Teil des Lebens, dem wir mit Liebe und Verständnis begegnen dürfen.

In Verbundenheit,
Nancy Schuhmacher

Hey du! Ja, genau du – liebes Kind!

Hast du jemals einen Tag gehabt, an dem du traurig warst, weil jemand, den du liebst, nicht mehr da ist? Traurige Tage können schwer sein, aber dieses Buch kann dir helfen, die Traurigkeit ein bisschen besser zu verstehen.

Warum dieses Buch für dich ist!

1. **Traurig sein ist okay:** Hast du gewusst, dass traurig sein genauso wichtig ist wie fröhlich sein? Dieses Buch erklärt dir, warum das so ist und wie du mit deinen Gefühlen umgehen kannst, ohne dass du dich komisch fühlst.

2. **Herzerwärmende Geschichten:** Die Geschichten in diesem Buch sind voller Wärme und Mitgefühl. Sie zeigen dir, dass auch in traurigen Momenten Trost und Liebe zu finden sind.

3. **Weisheit von weisen Eulen:** Stell dir vor, eine weise alte Eule setzt sich zu dir und erzählt dir Geschichten über das Leben und was nach dem Leben kommt. Diese Eule gibt dir Tipps, wie du mit Abschied umgehen kannst und wie du dich besser fühlst.

4. **Tschüss sagen mit Stil:** Hast du dich jemals gefragt, wie man richtig Abschied nimmt? Dieses Buch zeigt dir liebevolle und kreative Wege, wie du dich von jemandem verabschieden kannst, der dir wichtig ist.

5. **Gefühle verstehen:** Manchmal ist es schwer, Worte für das zu finden, was man fühlt. Dieses Buch hilft dir, deine Gefühle zu verstehen und zeigt dir, dass es okay ist, traurig zu sein.

Also, worauf wartest du noch? Hol dir dieses Buch und entdecke, dass der Tod und die damit verbundene Trauer nicht das Ende von allem ist, sondern ein Teil des Lebens, der uns alle verbindet.

Viel Spaß beim Lesen und Fühlen!

Ein Begleiter in der Trauer –
Hier kommt ein Buch für Dich, lieber Erwachsener!

Warum solltest du ein Buch über den Trauerprozess/Trauerwege kaufen, auch wenn gerade niemand gestorben ist? Gute Frage! Hier sind ein paar Gründe, warum dieses Buch einen festen Platz in deinem Regal verdient:

1. **Der unsichtbare Lebensretter:** Stell dir vor, der Tod ist wie ein unangemeldeter Gast auf einer Party – niemand will ihn da haben, aber irgendwann taucht er auf. Stell dir vor, du suchst mitten in einer wilden Party nach einem Ratgeber. Mit diesem Buch im Regal bist du auf den Besuch des unerwünschten Gastes bestens vorbereitet, ohne dass du in Panik verfallen musst!

2. **Das emotionale Erste-Hilfe-Kit:** In tiefster Trauer in die Buchhandlung rennen? Mit verweinten Augen und zerzausten Haaren? Nein, danke! Wenn das Buch schon im Regal steht, kannst du dich einfach auf die Couch werfen und sofort Unterstützung finden. Du musst dich nicht einmal aus dem Haus bewegen oder erklären, warum du so verzweifelt bist – dein Buch ist einfach da und hilft dir weiter.

3. **Dein Rückzugsort:** Trauer kann dazu führen, dass du dich in dein Schneckenhaus zurückziehst. Und wer will schon in der Öffentlichkeit heulen? In deinem gewohnten Schneckenhaus hast du das Buch griffbereit. Du kannst dich mit einer Decke einrollen, deine Lieblingssnacks genießen und in Ruhe lesen, ohne dass jemand zusieht oder Fragen stellt.

4. **Wissen ist Macht:** Wenn du das Buch schon vor der Trauerphase gelesen hast, bist du vorbereitet. Es ist wie ein Spickzettel für das Leben. Du weißt, was auf dich zukommen könnte, und bist weniger überwältigt, wenn es passiert. Du wirst zum Trauer-Profi, der nicht völlig unvorbereitet ist und sich besser zurechtfindet.

5. **Superheld für Freunde:** Wenn ein Freund oder eine Freundin plötzlich trauert, bist du mit deinem Buch im Regal der Held oder die Heldin. Du kannst Rat und Trost bieten, weil du vorbereitet bist und hilfreiche Tipps parat hast. Deine Freunde werden dankbar sein, dass du für sie da bist.

Ein Buch über den Trauerprozess in deinem Regal zu haben, ist wie eine geheime Superkraft. Es bereitet dich auf das Unerwartete vor und hilft dir, in schwierigen Zeiten Unterstützung zu finden. Es macht dich zum Helden deines Freundeskreises und gibt dir die Sicherheit, dass du nicht alleine bist, wenn das Leben unerwartet hart zuschlägt.

1. Persönliche Geschichte

1.1 Enkelin nimmt Abschied von ihrem Opi: „Opi, wo bist du jetzt?"

Erinnerungen, Liebe, Gerüche, Traurigkeit, Gefühle, Entdeckungsreise und noch viel mehr...

Ein Leitfaden für trauernde Kinder und deren Familien

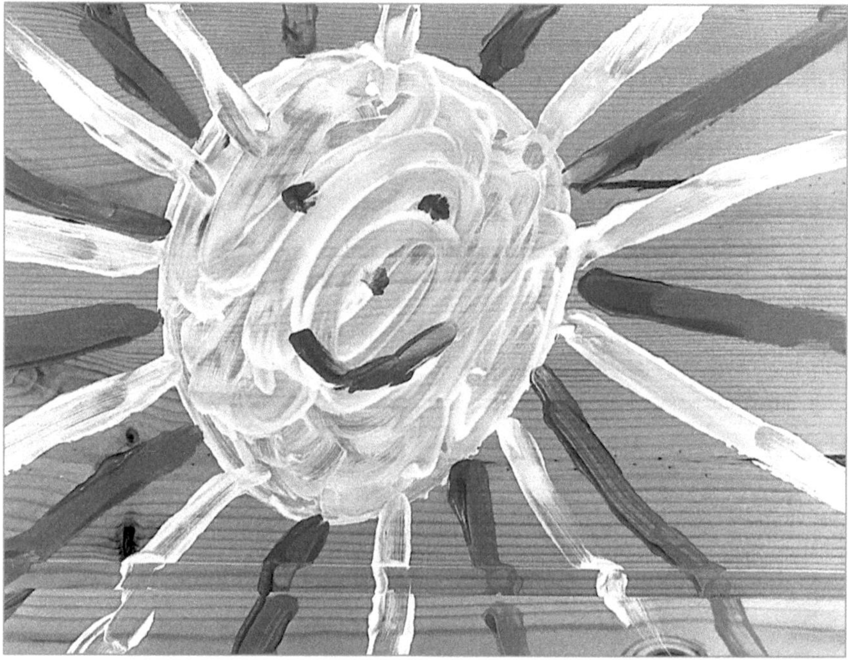

Bemalter Sarg

Ich bin Nancy, arbeite als Bestatterin, Trauerbegleiterin für Erwachsene, Kinder und deren Familien.

Das Thema „Tod, Verlust und Trauer" für Kinder und Erwachsene liegt mir sehr am Herzen, da ich in meiner Arbeit oft sehe, dass es so viele Berührungsängste gibt.

Wenn ein geliebter Mensch verstirbt…

Wie können wir unseren Kindern den Umgang mit einem Verstorbenen lehren und ihnen die Möglichkeit eines natürlichen Abschiednehmens ermöglichen?

Wir konnten uns längere Zeit auf den Tod unseres lieben Opilein vorbereiten. Opi war sehr krank und wir wussten, dass er nur noch eine gewisse Zeit bei uns sein würde.

Meine Tochter hat mit mir Kindertrauerbücher gelesen. Ich bin auf ihre Fragen und Ängste eingegangen. Wir haben Opilein auch bis zum Ende hin zusammen besucht. Das Erlebnis war auch traurig. Manchmal hat sie geweint. Auch die Traurigkeit gehört zum Leben.

Opilein und Mila haben auch über die Zeit gesprochen, die nach der schweren Krankheit folgen würde.

Sie haben sich verabredet...

.... wenn Opi gestorben war, würde Mila sein Sargoberteil anmalen. Mit in diesem Raum ist Opi, der im offenen Sarg liegt. Auch über die Musikauswahl während des Rituals waren die beiden sich sofort einig.

Als Opilein gestorben war und wir mit dem Auto auf dem Weg zum Bestattungshaus waren, um Abschied zu nehmen, kam mir die Idee, diese aus dem Leben gegriffene Situation festzuhalten.

Ich erzählte meiner 6-jährigen Tochter von meiner Idee.

Fragte sie, ob sie Lust habe, ihre Geschichte: „Ihren geliebten Opilein ein Stück auf die andere Seite des Regenbogens zu begleiten" und ihre Gefühle aufzuschreiben, um Kindern und Erwachsenen die Angst zu nehmen, Kontakt mit dem Verstorbenen zu haben und sich von dem Verstorbenen zu verabschieden. Meine Tochter war sofort einverstanden.

Ich bin sehr dankbar für die Zeit, die meine Tochter und ich mit Opilein allein verbracht haben. Zusammen haben wir gelacht, geweint, getanzt, Opi's kalten Körper gefühlt, gesungen und waren kreativ.

Weinen ist das Tor zur Seele. Die Trauer ist vielseitig. Durch den spürbar kalten Körper, konnten wir begreifen, das Opilein tot ist.

Wir wünschen Euch da draußen den Mut, mit Liebe und Respekt dem Verstorbenen zu begegnen. Es ist ein Geschenk, den letzten Augenblick mit dem geliebten Verstorbenen zu verbringen. Dieser Augenblick der Verabschiedung ist sehr wertvoll, einmalig und wiederholt sich nie mehr. So kann der Tod begriffen und die Trauer nach und nach verarbeitet werden.

Du findest graue Hintergrundkästchen in diesem Buch.
Darin ist Mila's Gedankenwelt erfasst,
während der Zeit des Abschiednehmens mit Opilein.

Dies ist die Geschichte von Mila und ihrem geliebten Opi.

Opi Jürgen war sehr krank und ist gestorben.

Mila ist ein sehr neugieriges Mädchen, das aber trotzdem sehr vorsichtig mit neuen Situationen umgeht.

So hat Mila sich mit ihrer Traurigkeit sowie auch mit der Neugierde im Gepäck, auf die Reise gemacht und entdeckt, was von Opi nach seinem Tod bleiben wird...

Der Tod:

Der Tod ist ein Teil des Lebens, genau wie das Geborenwerden. Für uns Menschen ist es sehr traurig, wenn ein Herzensmensch stirbt.

Stell dir vor, der Körper ist wie ein Auto. Das Auto hat eingebaute Teile, die es zum fahren braucht, wie den Motor. Bei einem Menschen ist es das Herz, die Lunge und das Gehirn. Wenn diese Körperteile nicht mehr funktionieren können, dann hört der Körper auf zu arbeiten und der Körper ist dann leer, eine Hülle.

Das bedeutet die Person ist tot und der Körper spürt keine Schmerzen und Ängste mehr.

Der Körper den wir sehen und anfassen können, bleibt zurück.

Die Seele ist der funkelnde Teil in dir. Sie ist dein Gefühl. Denke an ein Lieblingslied von dir. Die Gefühle, die in dir dabei hochkommen, wie z.B. Traurigkeit, Glück oder Freude, kommt direkt von deiner Seele. Sie ist nicht sichtbar, so wie das Herz oder die Hände.

Wo ist die Seele, wenn ein Mensch stirbt?

Manche glauben, die Seele wird zu einem Stern. Manche glauben, dass die Seele nach dem Tod weiterlebt.

Was glaubst du?

Mila im Sargausstellungsraum

„Diese Stunden waren aufregend.

Neugierig und gleichzeitig zurückhaltend betrat ich das Bestattungshaus, wo sie meinen lieben Opi hingebracht haben und wo meine Mami arbeitet.

Dort standen Holzmöbel. Mama erklärte mir, dass dies Särge sind.

Das ist die Aufbewahrung für liebe Verstorbene, für ihren letzten Weg."

Es gibt einen besonderen Ort, an dem wir uns um Menschen kümmern, die gestorben sind. Diesen Ort nennt man ein „Bestattungsinstitut".

Dort arbeiten nette, einfühlsame Menschen, die man „Bestatter" nennt.

Mila im Sargausstellungsraum

„Die Särge
sehen alle so verschieden aus.
Dieser Sarg riecht nach Holz
und fühlt sich ganz glatt an."

„Wo ist Opi jetzt"?

Der Sarg:

Einen Sarg kannst du dir wie eine Kiste vorstellen, in die Verstorbene gelegt werden. Er ist so zu sagen das letzte Bett für den Verstorbenen. Särge werden in der Regel aus Holz hergestellt.

Im Sarg wird es für den verstorbenen Herzensmenschen gemütlich gemacht. Dies kannst du dir so vorstellen: Der Sarg ist gepolstert, damit der verstorbene Körper weich liegt. Unter dem Kopf des Verstorbenen liegt ein Kissen und der Körper wird mit einer Decke zugedeckt. Das Kopfkissen und die Decke können von zuhause mitgebracht werden.

Der Verstorbene bleibt im Sarg, für die Trauerzeremonie und die anschließende Beisetzung oder die anschließende Einäscherung.

Bei vielen Bestattungszeremonien versammeln sich die Trauernden oft um den Sarg, um Abschied zu nehmen und ihre letzten Worte an den Verstorbenen zu richten.

Der verstorbene Herzensmensch wird in einen kühlen Raum gebracht. Das kannst du dir wie einen großen Kühlschrank vorstellen.

Das Kühle hilft dabei, den Körper ein paar Tage frisch zu halten.

So wie ein Joghurt sich im Kühlschrank länger frisch hält.

Der tote Körper verändert sich langsam. Das liegt daran, dass der Körper keinen Herzschlag mehr hat und dass das Gehirn und die Lunge aufgehört haben zu arbeiten.

In der Natur kannst du das erkennen, wenn Blätter vom Baum fallen. Sie landen auf dem Boden. Die Blätter zersetzen sich mit der Zeit und werden wieder zu Erde.

Bei Verstorbenen nennt man dies Verwesung.

Der Verwesungsprozess bei Menschen ist ein natürlicher Teil des Lebenszyklus, genau wie die Blätter in der Natur.

„Darf ich Opi anfassen, ihn streicheln?
Wie fühlt er sich an?
Wie sieht er aus?
Der Tod riecht komisch!
Erstes Antasten
an den leblosen Körper.
Opi, deine Haare sind schön weich."

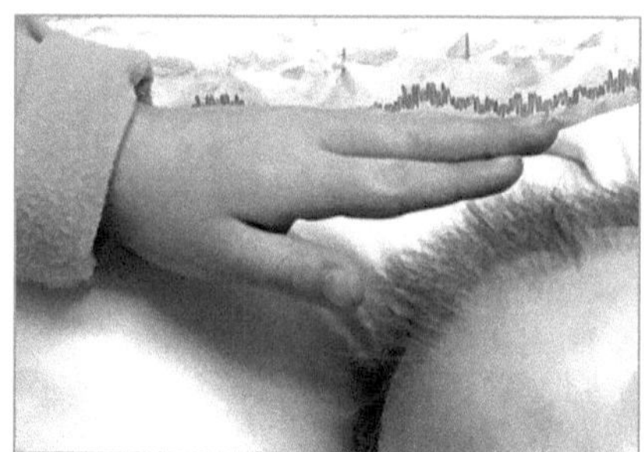

Mila's Hand berührt Opi's Haare

Du kannst natürlich den verstorbenen Herzensmenschen anfassen,
ihm z.B. über die Wange streicheln.

Erschrecke nicht, sein Körper ist blass und manchmal hat der Körper auch blaue
Stellen. Oft entdeckt man diese blaue Stellen an den Fingernägeln und Händen.
Das ist ganz normal und man nennt die blauen Stellen Totenflecken.

Der Tod riecht meist süßlich.

Mila legt Geschenke zu Opi in den Sarg.

„Ich streiche mit meiner Hand
an deiner Decke.
Du liegst ganz still in deinem Sarg."

Du kannst deinem verstorbenen Herzensmenschen Dinge mit auf seinen Weg in das Land der Toten, in den Sarg geben, z.B. gemalte Bilder, Fotos, gut riechende Blumen, ein Kuscheltier, Schmuck, was auch immer dir noch wichtig ist.

Auch in eine Urne können noch Bilder oder Schmuck gelegt werden.

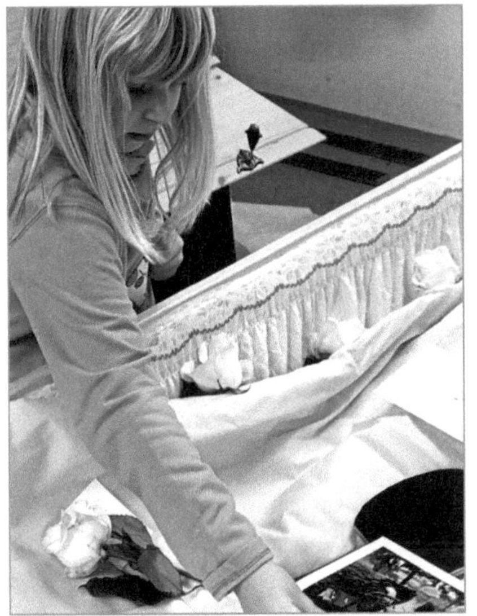

Mila legt Bilder zu Opi in den Sarg

„Meinem Opi habe ich seinen Schutzengel, seinen über alles geliebten Tennisschläger mit Tischtennisball in den Sarg gelegt, damit er im Himmel mit den Engeln spielen kann.

Opi hat einen Stift und ein Bild zum Ausmalen mit dabei, das war zum Schluss sein Hobby, als er schwächer wurde, weil die Krankheit seinen Körper sehr schwächte.

So kann er, wenn es ihm langweilig ist, das Bild ausmalen."

Opi's Hände mit Rosenkranz und Mila's Geschenke

„Ich habe ihm auch eine Schatzkarte mitgegeben, worin unser Haus und Omas Haus eingezeichnet ist, damit er vom Himmel den Weg zu uns findet und uns dort oben nicht vergisst.

Opi hat seinen Lieblingsanzug an.

Seine Haut, besonders die Hände, fühlen sich sehr kalt an."

Du kannst am offenen Sarg von dem verstorbenen Herzensmenschen Abschied nehmen. Du kannst ihm erzählen, was dir auf dem Herzen liegt.

Verstorbene können eigene Kleidung tragen oder ein Sterbehemd. Sie dürfen gewaschen, eingecremt, gekämmt und rasiert werden.

Der Körper wird behutsam in den Sarg gelegt, worin ein Kissen liegt (es kann auch das eigene Kissen und die eigene Decke von Zuhause sein).

Dieser Vorgang wird einbetten genannt.

„Seine Haut – besonders die Hände – fühlen sich sehr kalt an.
Da liegt er nun, mein lieber Opi.
Er spricht nicht. Er atmet nicht.
Ich entdecke: er hat sein linkes Auge ein klein wenig geöffnet. Beobachtet er uns? Er liegt da so friedlich und hat ein Lächeln auf den Lippen."

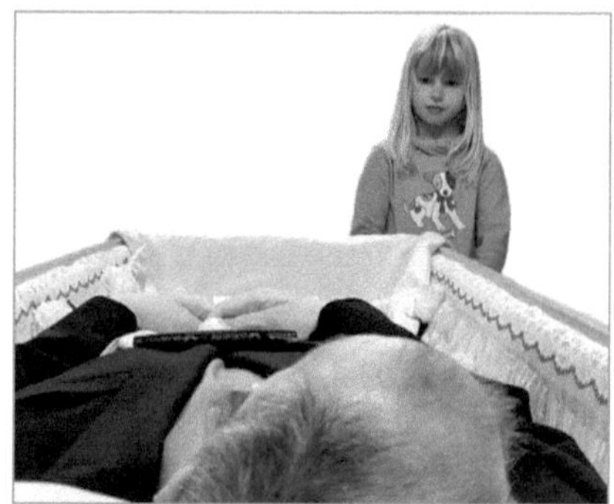

Mila betrachtet ihren verstorbenen Opi

Es besteht die Möglichkeit im Bestattungshaus zusammen mit dem Bestatter, den Sarg oder das Sargoberteil anzumalen. Die Farbe besorgt meistens der Bestatter. Der Verstorbene wird nach dem Sarg bemalen eingebettet.
Auch kann eine Urne für den lieben Verstorbenen angemalt werden.

„Lieber Opi, wir haben ja gesagt, wenn du gestorben bist, darf ich den Deckel von deinem Sarg anmalen.

Mami macht unsere Lieblingsmusik von Andrea Berg an.

Ich taste mit den Händen das Oberteil deines Sarges ab und fange an zu malen, Opilein."

Mila steht am Sargoberteil (Deckel)

Farben zum Bemalen des Sargoberteils

Mila beim Bemalen des Sargoberteils

Beim Bemalen des Sargoberteils sind dir keine Grenzen gesetzt.
Lass der Fantasie freien Lauf.
Die Kreativität hilft sehr bei der Trauerbewältigung.

Es kann losgehen.

Beginn des Bemalens: Regenbogen

Mila beim Bemalen des Sargoberteils

„Ich male einen Baum, einen Regenbogen, einen Apfel, viele Vögel,
Sterne, Wolken, meine Handabdrücke, dein Lieblingseis, einen Engel –
oder mich als Engel – kannst du dir aussuchen, Opi – und natürlich
den Feuervogel, der dich weiter beschützen wird. Daran glaube ich fest."

> „Der letzte Augenblick mit Opilein!
>
> Ich bin 1½ Stunden bei dir an deinem Sarg, mit Musik und den Farben.
> Ich male und genieße es, noch ein letztes Mal mit dir allein zu sein.
> Manchmal steigen mir die Tränen in die Augen, wenn Andrea so traurig singt.
> Mir kommen Erinnerungen, was wir zusammen gemacht haben.
> Ich denke gerade, wie wir laut im Auto zusammen mitgesungen haben."

Ich habe Mila erklärt, das meiner Meinung nach, wenn ein Mensch stirbt, der Körper hier bleibt, aber die Seele unsterblich ist und überall sein kann.

Wo ist die Seele deines verstorbenen Herzensmenschen jetzt?

Was denkst du?

Bemaltes Sargoberteil

> „Tschüss, Opi. Ich vermisse dich und du wohnst immer in meinem Herzen."

Ganz sicher vermisst du deinen verstorbenen Herzensmenschen so sehr. Das Gefühl ist ganz normal.

Vielleicht begegnet dir manchmal deine Wut, weil du deinen verstorbenen Herzensmenschen nicht mehr anfassen kannst, er nicht mehr greifbar ist. Vielleicht bist du wütend auf ihn. Das ist ganz normal. Vielleicht magst du deine Wut rauslassen, indem du in ein Kissen boxt.

Vielleicht magst du aber auch lieber einen Brief schreiben, was dich gerade bewegt. Hör auf dein Bauchgefühl und schaue, was du gerade brauchst, damit es dir besser geht. Auch kannst du mit deinen Eltern oder deiner Vertrauensperson sprechen, wenn dich was bedrückt.

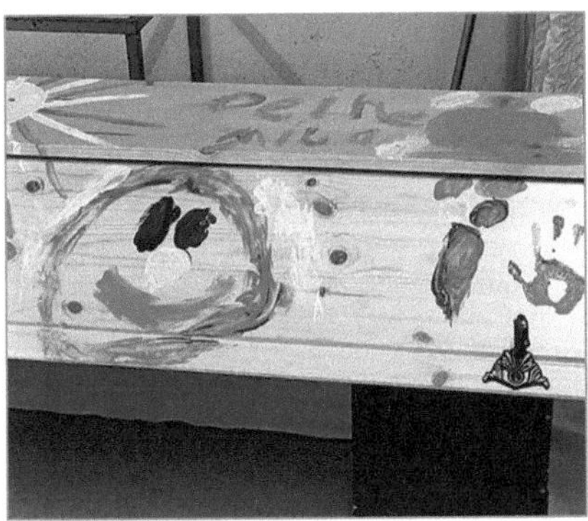

Mila's „Kunstwerk"

„Für mich bist du jetzt oben im Himmel. Du bist der König über die Feen und Elfen. Opi, ich verrate dir was! Du hast jetzt sogar Flügel – kannst fliegen. Sie sind grün. Dir wird nie etwas passieren, denn die Flügel wachsen innerhalb einer Sekunde nach, wenn sie verletzt sind. Das ist das Tolle an den Flügeln, dass sie nachwachsen."

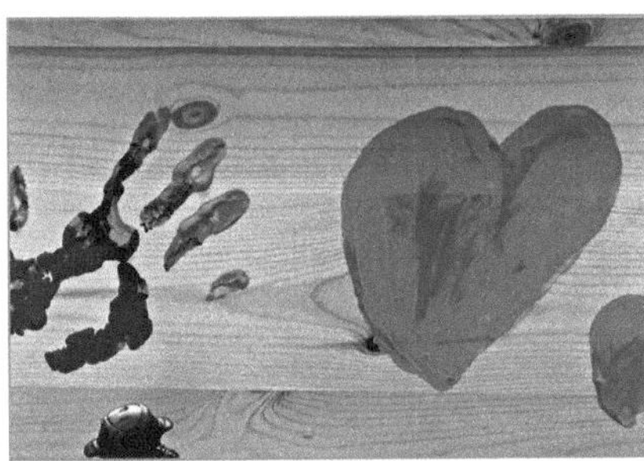

Mila's Händeabdruck

„Wenn ich an dich denke und das traurige Gefühl sich in mir ausbreitet, werde ich ganz leise und spreche mit dir.

Du wohnst in meinem Herzen und ich werde dich niemals vergessen, mein Opilein."

1.2 Blumenschmuck

Wir haben uns vom Sarg verabschiedet und das Bestattungshaus verlassen.

Opi wünscht eine Urnenbestattung.

Ich habe Mila gesagt, dass ich Blumen besorge, aus denen sie selbst einen Strauß binden darf.

Mila bindet einen Trauerstrauß

Vielleicht hatte dein verstorbener Herzensmensch Lieblingsblumen und du kennst die Lieblingsfarbe.

Du kannst die Blumen von einem Erwachsenen besorgen lassen, am liebsten in der Lieblingsfarbe, bindest einen Blumenstrauß daraus und nimmst diesen mit zur Trauerfeier.

Mila mit fertig gebundenem Trauerstrauß

von Mila beschriftetes Trauerband

Trauerstrauß

An dem Blumenstrauß kann ein Band befestigt werden. Darauf kannst du einen letzten Gruß oder liebe Wünsche schreiben.

Das wird Trauerschleife oder Trauerband genannt.

Herzurne mit Orchideen

1.3 Den toten Körper einäschern

„Opilein ist in einer Urne, die wie ein Herz aussieht.
Wohnst du jetzt in der Urne?
Schau mal, Orchideen, deine Lieblingsblumen. Sie duften so gut."

Unser Körper besteht aus vielen Teilen, wie z.B. die Knochen, Muskeln und Haut. Manche Menschen entscheiden sich, den verstorbenen Körper zu verbrennen. Das nennt man kremieren oder einäschern.

In einem Ofen, der speziell für diesen Zweck gebaut wird, wird der Körper in einem Sarg verbrannt.

Der Ofen ist ähnlich wie ein Kamin, nur der für den Menschen ist viel größer und wird viel heißer.

Den verbrannten Körper nennt man Asche.

Diese Asche wird in eine Urne umgefüllt.

Ich glaube, die Seele von Verstorbenen ist nicht in der Urne.

Was meinst Du, wo sie gerade ist?

Wir können an die Herzensmenschen denken und uns an die schönen Momente mit ihnen erinnern.

1.4 Verschiedene Arten von Gräbern

Es gibt kleine Gräber für Urnen und große Gräber für Särge. Das sind verschiedene Arten von Orten, an denen Angehörige ihre verstorbenen Herzensmenschen besuchen können.

Das Urnengrab:

In einem Urnengrab wird die Asche einer Person in einer Urne aufbewahrt. Urnengräber sind viel kleiner als Gräber für einen Sarg.

Das Erdgrab:

Bei einem Erdgrab wird der Körper einer Person in einen speziellen Kasten namens „Sarg" gelegt, der dann in die Erde gelegt wird.

Der Sarg wird mit Erde bedeckt. Oft setzen Menschen Steine um das Grab und Blumen auf das Grab, damit das Grab schön gepflegt ist.

Die Wahl zwischen einem Urnengrab und einem Erdgrab hängt davon ab, was die verstorbene Person mochte oder ihre Familie möchte. Beides ist in Ordnung.

Es ist wichtig, respektvoll mit den Wünschen der Familie oder der Person umzugehen, die gestorben ist.

Einige weitere Arten von Gräbern:

Das Familiengrab:

Ein Familiengrab ist wie ein besonderer Platz auf dem Friedhof, den eine ganze Familie nutzen kann. Wenn jemand in einer Familie stirbt, kann er oder sie in dieses Grab neben anderen Familienmitgliedern beerdigt werden.

Es ist wie ein gemeinsamer Ort für die Familie, um an ihre verstorbenen Herzensmenschen zu denken.

Das Baumgrab:

Ein Baumgrab ist ein besonderes Grab. Um einen Baum werden Plätze für Urnengräber vergeben. Er wird oft als Symbol für das Leben und die Natur gesehen.

Die Seebestattung:

Bei einer Seebestattung wird die Asche einer Person an einer bestimmten Stelle ins Meer gegeben. Die Asche wird dann vom Wasser mitgenommen, und es ist eine Möglichkeit, sich an jemanden zu erinnern, der das Wasser geliebt hat.

Manchmal machen Menschen eine kleine Zeremonie mit Blumen auf einem Schiff, bevor sie die Asche ins Wasser geben.

Das Kolumbarium / Die Urnenwand:

Ein Kolumbarium ist wie ein spezielles Gebäude, in dem die Urnen aufbewahrt werden. Kolumbarien gibt es sehr wenige.

Eine Urnenwand ist eine Mauer, in der die Urne aufbewahrt wird. Stell dir eine große Wand mit vielen kleinen Fächern vor. Die Fächer werden mit einer Platte verschlossen, auf denen die Namen der Verstorbenen stehen.

Blumen und Kerzen in der Trauerhalle

1.5 Die Trauerfeier

„All deine Lieben sind gekommen, um dich zu verabschieden. Alle Menschen, die auf dem Friedhof waren, sind so traurig, das spüre ich. Ist ein seltsames Gefühl. Als das Lied von Andrea Berg erklang, habe ich geweint. Der Moment war komisch. Ich kann dich nicht sehen, und doch bist du überall. Wir haben deine Herzurne an dein Grab gebracht. Ich war sehr traurig. In diesem Moment hatte ich einen grossen Wunsch, nämlich, dass du mich einfach in den Arm nimmst, wie du es sonst auch getan hattest. Das geht leider nicht mehr. In diesem Moment wurde es mir bewusst."

Die Trauerfeier, ist eine Abschiedsfeier auf dem Friedhof, wo die Menschen zusammenkommen, die den Verstorbenen mochten und kannten, um von ihm Abschied zu nehmen und ihn auf seinem letzten Weg begleiten. Es wird über den Verstorbenen gesprochen, es kommen viele Erinnerungen an ihn.

Dir werden Tränen während der Trauerfeier begegnen. Das ist ganz normal.

1.6 Erinnerungsstücke kreieren

Die Beisetzung oder Beerdigung ist der Moment, an dem wir den verstorbenen Herzensmenschen mit dem Sarg oder mit der Urne in die Erde legen, oder in das Grab, das ausgesucht wurde. Es ist eine Zeit des Abschieds und der Trauer, aber auch eine Möglichkeit, uns an die guten Zeiten mit dem Verstorbenen zu erinnern.

„Opilein, weißt du was? Ich verrate dir ein Geheimnis: „Du wohnst in meinem Herzen." – In meiner Erinnerung bleibt dein Lächeln. Das wird mich begleiten. Wenn ich daran denke, wird es mir ganz warm um mein Herz.
Ich habe sehr viel von dir gelernt, als du mich ein Stück meines Lebensweges begleiten durftest. Du warst der beste Opi, den ich mir wünschen konnte. Ich habe dich ganz doll lieb!"

Fertig genähtes Kissen

„Aus Opi's Lieblingsshirt hat Mami mit mir ein Kissen genäht. So habe ich immer ein Stück von meinem geliebten Opilein bei mir und ich kann mit dem Opikissen kuscheln, mit ihm erzählen und sogar abends drauf einschlafen.
Auch wenn der Wutwichtel mich besucht, kann ich ganz kräftig in das Kissen hauen, bis die Wut sich wieder verabschiedet.
Dieses Kissen hält alle meine Gefühle aus: meine Angst, meine Liebe, meine Wut, das Lachen, meine Traurigkeit und alle Erinnerungen an Opi. Das Kissen riecht nach Opilein."

Ich persönlich nenne das Hochkommen dieser ganzen Gefühle Entdeckungsreise in das Land der Trauer, weil trauern ein wichtiger Prozess ist, wenn man einen lieben Menschen verloren hat.
Du kannst Erinnerungsstücke anfertigen lassen oder selbst anfertigen. Zum Beispiel ein Kissen oder ein Kuscheltier von der Lieblingskleidung deines verstorbenen Herzensmenschen.

1.7 In Erinnerung an Opi

**Mit dem Tod eines geliebten Menschen verliert man vieles,
aber niemals die mit ihm verbrachte Zeit.**

(Verfasser unbekannt)

Jürgen (Opilein) ist von uns gegangen, doch in unseren Herzen lebt er weiter.

Uns bleiben liebevolle Erinnerungen und Dankbarkeit.

Mila und Opi

1.8 Kreative Möglichkeiten und Rituale zum Abschied nehmen

- Kerze anzünden
- Sarg / Urne des Verstorbenen bemalen
- Gemeinsames Beten

Sargbeigaben:
- Bild malen
- Brief an Verstorbene schreiben
- Fotos in den Sarg legen
- Kleine Bastelarbeiten aus Papier
- Blumen
- Stoff- oder Holzpüppchen

Für die Erinnerung an den Verstorbenen:
- Hand-, Fuß-, oder Fingerabdrücke
- Fotos vom offenen Sarg
- Haarsträhne der Verstorbenen abschneiden
- Fotos mit Blumen

Für die Trauerfeier:
- Lieblingslieder der Verstorbenen aussuchen
- Blumen für die Abschiedsfeier selbst binden
- Schleife für Blumenschmuck selbst beschriften / bemalen
- Trauerkerze basteln
- Trauergäste Wunderkerzen oder Kerzen entzünden lassen
- Wünsche / Grüße auf ein Kärtchen für den Verstorbenen schreiben,
  an gefülltem Heliumballon befestigen
  und den Ballongruß in den Himmel schicken

Grabnachwurf:
- Herzen aus Papier ausstanzen, als Konfetti verwenden
- Selbstgepflückten Sommerblumenstrauß (binden)
- Aus Sektkorken die Familie nachbasteln

Für auf das Grab:

- Grab selbst mit Erde zuschaufeln
- Grablicht bemalen
- Steinbild gestalten
- Mandala auf dem Grab mit Naturmaterialien gestalten
- Grabgesteck gestalten
- Figuren auf das Grab stellen (z.B. Engel)

Kommende Feste:

- Eine Kerze für den Verstorbenen anzünden
- Einen leeren Stuhl an den Tisch stellen
- Gemeinsam Lieblingslieder des Verstorbenen singen
- Sein Lieblingsessen kochen / Kuchen backen
- Weihnachten: schönen Tannenzweig
  vom eigenen Weihnachtsbaum schmücken und auf das Grab legen
- Picknick am Grab des Verstorbenen machen

Für zuhause:

- Altar mit Erinnerungstücken und Foto für den Verstorbenen errichten
- Erinnerungskästchen bestücken
- Aus Lieblingskleidung Kissen, etc. nähen
- Erinnerungsbuch; kann als Trauertagebuch, für das Kind genutzt werden.
  Bilder hineinkleben, Texte schreiben oder für Erinnerungen an den
  verstorbenen Herzensmenschen nutzen

2. Der Tod, dein Begleiter von Geburt an bis zum Sterben

2.1 Die Vergänglichkeit verstehen

Der Rhythmus der Jahreszeiten ist wie eine große, natürliche Uhr, die den Lauf der Zeit in der Natur markiert. Wenn wir über Vergänglichkeit sprechen, ist dieser Rhythmus ein perfektes Beispiel dafür.

Im Frühling erwacht die Natur aus ihrem Winterschlaf. Es ist, als ob die Welt aus einem tiefen Schlummer erwacht und neues Leben hervorbringt. Knospen sprießen, Blumen blühen, und die Bäume werden wieder grün. Alles ist voller Energie.

Im Sommer erreicht die Natur ihren Höhepunkt. Alles ist in voller Blüte. Die Tage sind lang, die Sonne scheint warm, und das Leben pulsiert in jedem Winkel. Es ist die Zeit des Wachstums und der Fülle, in der wir die Früchte unserer Arbeit ernten und genießen können.

Doch wie alles im Leben kommt auch der Sommer irgendwann zu seinem Ende. Der Herbst kündigt sich an, wenn die Blätter anfangen, ihre Farben zu wechseln. Es ist eine Zeit des Übergangs und der Vorbereitung. Die Natur bereitet sich darauf vor, sich auszuruhen und Energie zu sammeln für die kommende Ruhephase.

Schließlich, im Winter, tritt die Natur in ihre stille Phase ein. Die Blätter fallen von den Bäumen, verrotten und werden eins mit der Erde. Der Boden gefriert und alles scheint ruhig und still zu werden. Es ist eine Zeit der Reflexion und des Rückzugs, in der wir innehalten und uns auf das Wesentliche besinnen können.

Und dann beginnt der Zyklus von Neuem. Der Winter macht Platz für den Frühling und der Kreislauf der Jahreszeiten setzt sich fort. Diese ständige Veränderung erinnert uns daran, dass nichts für immer bleibt und dass die Vergänglichkeit ein natürlicher Teil des Lebens ist. Doch gleichzeitig bringt jeder neue Zyklus auch Hoffnung und die Möglichkeit für neues Wachstum mit sich.

Trauer – Tod und Abschied mit Kindern erforschen

Inmitten des Kreislaufs des Lebens, wo jede Blume erblüht, jede Brise sanft über die Felder streicht und jedes Lachen die Luft erhellt, gibt es auch jene Momente, die uns innehalten lassen. Momente des Abschieds, der Trauer und des Sterbens. Doch sollen diese nicht als Schatten in unserer Geschichte verweilen, sondern vielmehr als Teil eines größeren Ganzen, das uns lehrt, das Leben in all seinen Facetten zu umarmen.

Es ist von essenzieller Bedeutung, unseren Kindern die Chance zu geben, den Tod in einer unbelasteten Umgebung zu erfahren. Sie sollen die Möglichkeit haben, Abschied zu nehmen, zu trauern und Beerdigungen/Beisetzungen zu erforschen, ihre eigenen Erfahrungen zu reflektieren und Abschiede durch Rituale zu einem „Schönen" zu gestalten. Diese Rituale sind nicht nur Trostspender, sondern auch Wegweiser auf unserem eigenen Trauerweg.

Früher war es eine Selbstverständlichkeit, dass der Tod Teil des familiären Lebens war. Verstorbene wurden zuhause aufgebahrt, von den Angehörigen gewaschen und Abschiednahmen fanden im vertrauten Kreise statt. Ein Trauerzug durch das Dorf begleitete den Verstorbenen auf seinem letzten Weg zum Friedhof. Es war ein Ritual der Wertschätzung und des Abschieds.

Heutzutage scheint der Tod oft in den Schatten gerückt zu sein, ein Tabuthema, das unsicher und ängstlich macht. Doch sollten wir uns wieder erinnern: Alles, was lebt, wird irgendwann sterben. Der Tod ist ein Teil des Lebens, genauso wie die Geburt und das Atmen. Und in diesem Bewusstsein sollten wir auch die kleinen Trauermomente im Leben erkennen: sei es die Abnabelung beim Kindergartenstart, der Verlust eines geliebten Spielzeugs, der Tod eines Haustieres oder die Trennung von Eltern oder einem Freund, der in eine andere Stadt zieht.

Wenn wir das Land der Trauer erforschen, können wir die Angst vor dem Sterben und dem Abschied bannen. Dann sind wir weniger hilflos, wenn der Moment des Abschieds kommt und können in Dankbarkeit auf die kostbare gemeinsame Zeit schauen. Möge jede*r von uns den Mut finden, sich dem Thema Tod und Trauer zu öffnen, um das Leben in seiner Ganzheit zu erfahren und zu würdigen.

2.1.1 Experimente um das Thema Vergänglichkeit

Ich möchte dich einladen, Schätze im Alltag, die mit der Vergänglichkeit zu tun haben, zu erforschen bzw. zu experimentieren:

2.1.1.1 Die Vergänglichkeit

Nimm eine Sanduhr in die Hand und drehe sie um. Sie zeigt dir, wie die Zeit verrinnt. So bekommst du das Gefühl, wie die Zeit vergeht. Dies nehmen wir oft im Alltag nicht wahr.

2.1.1.2 Blumensamen säen

Nimm Blumensamen, wie z.B. die einer Sonnenblume. Um die Vergänglichkeit genauer zu beobachten, lege diesen in einen Blumentopf und bedecke den Samen mit Blumenerde. Pflege den Samen, indem du die Blumenerde gießt, bis der Samen gekeimt ist. Das merkst du, wenn Grün aus der Blumenerde im Topf wächst. Stell den Blumentopf ins Freie.

Die Keime brauchen Zeit, Sonnenlicht und Wasser. Wenn du magst kannst du 1x die Woche Bilder von dem Keim machen, er wird wachsen und zu einer Sonnenblume heranblühen. So beobachtest du, wie die Blume wächst, blüht und wieder vergeht.

Daran erkennst du den Kreislauf des Lebens.

2.1.1.3 Blumen pressen

Nimm verschiedene frisch gepflückte Blumen (am besten solche mit flachen Blütenblättern, z.B. Veilchen, Gänseblümchen, Kleeblatt, usw.).

Lege die Blume zwischen zwei Blätter Papier oder Papiertücher. Diese helfen, die Feuchtigkeit aus den Blumen aufzunehmen. Platziere die vorbereitete Blume zwischen den Seiten eines schweren Buches. Lass die Blume für mindestens eine Woche im Buch. Prüfe nach dieser Zeit, ob sie vollständig getrocknet ist. Die Blume sollte flach und trocken sein.

Beim Pressen von Blumen wird ihnen langsam die Feuchtigkeit entzogen. Die Blume stirbt. Nur weil die Blume zwischen Papier und dem Druck des Buches eingeklemmt ist, behält sie ihre Form und Farbe, während das Wasser aus ihr herausgezogen wird. Dieser Prozess verhindert die Zersetzung und konserviert in diesem Fall die Blume. Blumen halten nach dem Pflücken nicht ewig –

sie verwelken. Es zeigt den Übergang von Leben zu einem konservierten Zustand, der nicht mehr lebendig ist.

2.1.1.4 Verwesung von Lebensmitteln

Wähle verschiedene Lebensmittel aus (z.B. Brot, Obst, usw.), die leicht verderben. Lege die Lebensmittel in durchsichtige Behälter, damit du die Veränderung beobachten kannst. Lass die Behälter bei Zimmertemperatur stehen und beobachte täglich, was passiert. Mach dir Notizen von der Veränderung der Lebensmittel, die du siehst.

Lebensmittel beginnen sich zu zersetzen, weil Mikroorganismen wie Bakterien und Schimmelpilze sie besiedeln, sobald sie eine geeignete Oberfläche und Nährstoffe finden. Die Mikroorganismen bauen die organische Verbindungen in den Lebensmitteln ab (Abbau von Nährstoffen).

Sie verändern ihr Aussehen. Farbe, Textur und manchmal auch der Geruch der Lebensmittel verändert sich. Dadurch kommt es zu Schimmelbildung, Schleim oder Fäulnis.

Lebensmittel sind vergänglich und werden schlecht, wenn sie nicht gegessen oder richtig gelagert werden. Daran erkennst du den natürlichen Kreislauf des Lebens.

2.1.2 Ein Besuch auf dem Friedhof

Ein Besuch auf dem Friedhof kann eine wertvolle Gelegenheit sein, um über das Leben und den Tod zu sprechen und um die Vergänglichkeit des Lebens zu reflektieren. Es ist eine Gelegenheit, Respekt und Mitgefühl zu zeigen und die Bedeutung von Erinnerung und Gedenken zu verstehen.

Wenn du mit deinem Kind auf den Friedhof gehst, könnt ihr gemeinsam die verschiedenen Aspekte eines Friedhofs erkunden. Ihr könnt über die verschiedenen Arten von Gräbern sprechen – Familiengräber, Urnengräber und andere. Ihr könnt auch darüber reden, wie verschiedene Kulturen und Religionen gedenken und auf andere Art bestatten.

Beim Erkunden der Gräber könnt ihr die Grabsteine betrachten und über die Namen, Daten und manchmal auch über die Inschriften sprechen. Vielleicht könnt ihr darüber reden, wie jeder Mensch eine einzigartige Geschichte hatte und wie die Grabsteine uns dabei helfen, uns an sie zu erinnern.

Ihr könnt auch darüber sprechen, wie Menschen die Verstorbenen ehren, indem sie Blumen auf ihre Gräber legen, Kerzen anzünden oder das Grab mit anderen Dekorationen schmücken. Das kann eine Gelegenheit sein, über die Bedeutung von Ritualen und Traditionen im Zusammenhang mit dem Tod zu sprechen.

Während ihr über den Friedhof geht, könnt ihr die Ruhe und Stille des Ortes spüren und über die verschiedenen Gefühle sprechen, die der Tod bei uns hervorrufen kann – Trauer, Respekt, Dankbarkeit und auch Hoffnung.

Und schließlich könnt ihr die Gelegenheit nutzen, um über die Bedeutung von Abschiednehmen und Erinnerungen zu sprechen, und wie wir die Erinnerung an diejenigen, die gegangen sind, in unseren Herzen bewahren können.

Ein Besuch auf dem Friedhof kann also nicht nur eine Gelegenheit sein, über den Tod zu sprechen, sondern auch darüber, wie wir das Leben ehren und die Erinnerung an diejenigen bewahren, die nicht mehr bei uns sind.

2.1.2.1 Friedhofsrallye

Nimm dir Zeit, um über die Beobachtungen und Fragen des Kindes zu sprechen. Ermutige es, seine Gedanken zu teilen und zu reflektieren.

Stelle Fragen wie:
„Was denkst du über die Menschen, die hier begraben sind?"
oder: „Warum ist es wichtig, sich an die Vergangenheit zu erinnern?"

Diese Fragen sollen Eltern und Kinder dazu anregen, den Friedhof gemeinsam zu erkunden und dabei Ängste zu entzaubern, indem sie sich mit verschiedenen Aspekten des Friedhofs auseinandersetzen und reflektieren.

Notiert gemeinsam, was gehört wurde,
oder lass das Kind über seine Beobachtungen sprechen.

Ich wünsche euch viel Spaß beim entdecken!

Fragenkatalog für die eigenständige Friedhofsrallye:

1. Beobachtung und Sinneseindrücke:
- Was hörst du um uns herum? Beschreibe die Geräusche.
- Wie fühlt sich die Luft hier an? Ist sie anders als anderswo? Warum könnte das so sein?
- Welche Farben und Formen siehst du um uns herum?

2. Entdeckungstour:
- Suche nach einem Grabstein, der älter ist als 30 Jahre. Was denkst du über die Person, die dort begraben ist?
- Finde einen Grabstein, der mit Blumen, Spielzeug oder anderen Gegenständen geschmückt ist. Warum könnten diese Dinge dort liegen?
- Finde ein Gedenkgrab für Kriegsveteranen. Welchen Krieg könnte es betreffen? Warum ist es wichtig, sich an diese Menschen zu erinnern?
- Erkunde die Trauerhalle und andere Einrichtungen auf dem Friedhof, wie z.B. das Friedhofsbüro oder die Gärtnerwerkstatt. Gibt es dort Symbole zu entdecken?
- Welche Berufe entdeckst du auf dem Friedhof?

3. Tier- und Pflanzenwelt:
- Welche Tiere siehst du auf dem Friedhof? Warum könnten sie sich hier wohl fühlen?
- Schau dir die Pflanzen um uns herum an. Welche davon könnten speziell für Friedhöfe gepflanzt worden sein? Warum?

3. Geschichte und Kultur:
- Kannst du ein Grab finden, das die Geschichte einer Familie erzählt? Wie kannst du das erkennen?
- Suche nach einem besonderen Symbol auf einem Grabstein. Was könnte es bedeuten?
- Entdecke ein Grab, das auffallend anders aussieht als die anderen. Was denkst du über die Person, die dort begraben ist?

4. Reflektion über den Besuch:
- Was hast du heute über Friedhöfe gelernt, das dich überrascht hat?
- Wie hat sich dein Verständnis von Leben und Tod während unseres Besuchs hier verändert?
- Was wirst du von diesem Besuch mitnehmen und wie wirst du den Tod / Friedhof in Zukunft betrachten?

2.2 Wie kann man sterben?

Das Leben ist ein kostbares Geschenk, aber irgendwann kommt für jedes Lebewesen der Moment, in dem es Zeit ist zu sterben. Menschen sterben auf unterschiedliche Weisen.

Hier sind einige Beispiele, wie Menschen sterben können:
Manche Menschen leben ein langes, erfülltes Leben und sterben schließlich im hohen Alter.

Manchmal passieren Unfälle, die tragisch sind und Menschen ihr Leben kosten können. Das können Auto- oder Fahrradunfälle sein oder auch Unfälle zu Hause.

Manchmal sterben Menschen an allergischen Reaktionen auf bestimmte Substanzen, die sie nicht vertragen können, wie zum Beispiel Lebensmittelallergien oder Insektengifte.

Einige Menschen sterben nach schweren Operationen im Krankenhaus. Das sind Momente, in denen Ärzte versuchen, ihnen zu helfen, aber manchmal ist der Körper zu schwach, um sich zu erholen.

Manchmal sind schwere Krankheiten nicht heilbar und führen dann zum Tod.

Naturkatastrophen wie Erdbeben, Überschwemmungen oder Wirbelstürme können auch Menschenleben fordern, besonders wenn Menschen in gefährdeten Gebieten leben.

Leider gibt es auch Kriege, in denen Menschen sterben. Das ist sehr traurig, weil Menschen gegeneinander kämpfen und viele unschuldige Menschen sterben.

In armen Ländern gibt es manchmal Menschen, die nicht genug zu essen haben. Das führt dazu, dass sie sterben, weil ihr Körper nicht genug Nahrung bekommt, um stark und gesund zu bleiben.

Manche Menschen sterben durch Ertrinken, wenn sie in Gewässer wie Seen, Flüssen oder dem Meer schwimmen und in Not geraten.

Einige sterben an einer Überdosis von Drogen oder anderen schädlichen Substanzen, die ihr Körper nicht verkraften kann.

Es gibt Menschen, die sterben, weil sie sich verletzen, indem sie sich selbst Schaden zufügen. Das kann durch Selbstmordversuche geschehen.

Auch Vergiftungen durch versehentliches Essen oder Trinken von giftigen Substanzen können tödlich sein.

In Gegenden, in denen medizinische Versorgung begrenzt ist, ist die Gefahr, an Infektionskrankheiten zu sterben, erhöht.

Die meisten Menschen sterben in einem Krankenhaus.

Viele sterben zuhause.

Manche entscheiden sich auch für Hospize, um in einem speziellen Ort umsorgt zu werden.

Ein Hospiz ist ein Ort, an dem schwerkranke Menschen am Ende ihres Lebens betreut werden. Es ist ein Ort voller Fürsorge, wo Menschen in Frieden und Würde sterben können.

2.3 Was passiert mit dem Körper, wenn der Mensch gestorben ist?

Erklärung was mit dem Körper passiert, wenn eine Person gestorben ist:

1. **Einstellen der Körperfunktionen:** Sobald der Tod eintritt, hören alle lebenswichtigen Körperfunktionen auf zu arbeiten. Das Herz hört auf zu schlagen, die Atmung stoppt, und die Organe hören auf zu funktionieren.
   Dies geschieht, weil das Gehirn nicht mehr in der Lage ist, Signale an den Rest des Körpers zu senden, um ihn am Leben zu erhalten. Aus dem Körper weicht die Wärme, er wird kalt.

2. **Beginn der Verwesung:** Kurz nach dem Tod setzt ein Prozess namens Verwesung ein. Dies ist der natürliche Abbau des Körpers durch Bakterien und andere Mikroorganismen. Zunächst beginnen die Zellen im Körper, sich aufgrund des Fehlens von Sauerstoff und Nährstoffen zu zersetzen.

3. **Farbveränderung und Steifigkeit:** In den Stunden nach dem Tod verändert sich die Farbe der Haut (Blässe) und des Gewebes. Dies wird als Totenflecken bezeichnet und tritt aufgrund des Blutrückflusses auf.
   Gleichzeitig setzt die Leichenstarre ein (spätestens nach 12 Stunden, dauert etwa 1 – 2 Tage), bei der die Muskeln des Körpers steif werden, was durch die Ansammlung von Chemikalien im Muskelgewebe verursacht wird.

4. **Fäulnis – Verwesung (Autolyse):** Nachdem die Totenstarre vorbei ist, beginnt der Körper sich langsam aufzulösen. Das passiert, weil die Zellen, aus denen der Körper besteht, anfangen zu zerfallen. Die Enzyme in den Zellen, die normalerweise helfen, Nahrung zu verdauen, fangen an, die Zellen selbst zu zersetzen. Das nennt man Autolyse.

5. **Gasbildung und Aufblähung:** Während der Verwesung sammeln sich Gase im Körper an, was zu einer Aufblähung führt. Dies kann dazu führen, dass der Körper größer und ungewöhnlich geformt erscheint.

6. **Fortgeschrittene Verwesung:** In den folgenden Tagen und Wochen setzt die fortgeschrittene Verwesung ein. Der Körper wird zunehmend von Bakterien und anderen Organismen zersetzt. Dies führt dazu, dass Gewebe und Organe zerfallen und der Körper allmählich in eine flüssige Substanz umgewandelt wird.

7. **Endstadium der Verwesung:** Nach einiger Zeit bleiben nur noch die Knochen übrig, da alle anderen Gewebe und Organe abgebaut wurden. Die Knochen können viele Jahre oder sogar Jahrhunderte lang erhalten bleiben, je nach den Bedingungen, unter denen sie begraben oder gelagert wurden.

> Es ist wichtig zu verstehen, dass dieser Prozess Teil des natürlichen Kreislaufs des Lebens ist. Obwohl der physische Körper stirbt und sich selbst auflöst, glauben viele Menschen an eine spirituelle oder religiöse Weiterexistenz der Seele in einer anderen Form nach dem Tod.

(Quelle: Nach Neuser, Stephan, Bestattung in Deutschland, 3 Auflage,
aktualisierter Nachdruck, Düsseldorf,
Fachverlag des deutschen Bestattungsgewerbe GmbH, 2020, Seite 434 -435)

2.4 Umgang mit Sterbefällen im nahen Umfeld

Wenn ein geliebtes Tier oder ein Mensch in unserem nahen Umfeld krank ist und sich dem Ende seines Lebens nähert, ist es eine natürliche Reaktion für uns, uns mit unseren eigenen Emotionen und Ängsten auseinanderzusetzen. Doch während wir versuchen, mit unserer eigenen Trauer und Verarbeitung umzugehen, vergessen wir manchmal, dass unsere Kinder ebenso feine Empfindungen haben und die Veränderungen um sie herum wahrnehmen.

Kinder sind Meister des Spürens. Auch wenn wir versuchen, unsere bedrückte Stimmung zu verbergen, können sie sie dennoch fühlen. Deshalb ist es wichtig, ehrlich und authentisch mit unseren Kindern zu sein, wenn sie Fragen zum Thema Tod, Abschied, Trauer und Sterben stellen.

Es ist verständlich, dass solche Gespräche schwierig sein können. Wir wissen nicht immer, was wir sagen sollen, und manchmal haben wir selbst Zweifel, Ängste und Traurigkeit zu bewältigen. Doch in diesen Momenten ist Ehrlichkeit der Schlüssel.

Es ist in Ordnung, zu sagen: „Ich weiß die Antwort gerade nicht" oder „Was denkst du darüber?". Ihre Meinungen, Zweifel und Ängste sind genauso gültig wie unsere eigenen. Wir müssen nicht immer eine perfekte Antwort parat haben. Was zählt, ist, dass wir ehrlich zu uns selbst und zu unseren Kindern sind.

Gefühle wollen gesehen werden. Es ist wichtig, unseren Kindern zu ermöglichen, ihre eigenen Emotionen zu erkunden und auszudrücken. Ob es Traurigkeit, Hoffnungslosigkeit, Hilflosigkeit oder Glaubensfragen sind: lass Raum für alles. Es gibt keine falschen Gefühle. Im Trauerweg gibt es kein richtig oder falsch. Es ist wie es kommt. Und es gibt auch nicht den einen Trauerweg. Der ist bei jedem Menschen anders. Manchmal ist er länger, manchmal ist er kürzer, manchmal möchtest du allein sein, manchmal möchtest du Gesellschaft. Alles ist okay.

Indem wir offen über unsere eigenen Gefühle sprechen, schaffen wir eine Atmosphäre der Offenheit und des Verständnisses. Wir können gemeinsam durch diesen Prozess der Trauer gehen und unseren Kindern beibringen, dass es okay ist, sich zu fühlen, wie sie sich fühlen.

Also, wenn dein Kind mit Fragen über den Tod oder Abschied um die Ecke kommt, sei mutig. Sei ehrlich. Sei authentisch. Und vor allem: sei für es da.

2.4.1 Entwicklungsstufen des Todesverständnisses bei Kindern u. Jugendlichen

Frühkindliches Alter (0 - 3 Jahre):

- Kinder in diesem Alter haben ein sehr begrenztes Verständnis vom Tod.
- Sie können Anzeichen von Unbehagen oder Verlust zeigen,
  wenn eine vertraute Person abwesend ist,
  aber sie begreifen den Tod nicht als dauerhaft oder unumkehrbar.
- Ihr Verständnis des Todes kann sich aufgrund ihrer begrenzten kognitiven Fähigkeiten auf einfache Konzepte wie Abwesenheit oder Schlaf beschränken.

Vorschulalter (3 - 6 Jahre):

- In diesem Alter beginnen Kinder,
  den Tod als eine Art von Abwesenheit oder Trennung zu verstehen.
- Sie können den Tod als etwas vorübergehendes
  oder umkehrbares wahrnehmen, ähnlich wie das Schlafen.
- Fantasie und magisches Denken
  beeinflussen weiterhin ihr Verständnis des Todes.

Schulalter (6 - 12 Jahre):

- Kinder in diesem Alter entwickeln
  ein zunehmend realistisches Verständnis vom Tod.
- Sie verstehen, dass der Tod unumkehrbar und endgültig ist,
  und erkennen, dass alle Lebewesen sterben müssen.
- Sie beginnen, den Tod als etwas Natürliches und Unvermeidbares zu
  akzeptieren, obwohl sie möglicherweise noch Schwierigkeiten haben,
  die endgültige Bedeutung des Todes vollständig zu erfassen.

Jugendliche (12 - 18 Jahre):

- Jugendliche in dieser Altersgruppe
  entwickeln ein erwachseneres und tieferes Verständnis vom Tod.
- Sie erkennen die Endlichkeit des Lebens und beginnen,
  existenzielle Fragen über den Sinn des Lebens und den Tod zu stellen.
- Ihre Sichtweise auf den Tod kann von persönlichen Erfahrungen,
  Glaubenssystemen und kulturellen Einflüssen geprägt sein.

Es ist wichtig zu beachten, dass diese Stadien allgemeine Richtlinien sind und dass individuelle Unterschiede sowie kulturelle und familiäre Einflüsse eine Rolle spielen können.

Auch wenn Kinder und Jugendliche sich in unterschiedlichen Entwicklungsstadien befinden, können sie dennoch Unterstützung und Erklärungen benötigen, um den Tod zu verstehen und mit dem Verlust eines geliebten Menschen umzugehen.

Quelle nach Kübler-Ross; Piaget – Elisabeth Kübler-Ross und Jean Piaget haben wegweisende Forschungsarbeiten verfasst und grundlegende Konzepte zum Todesverständnis entwickelt.

3. Aufgaben eines Bestatters

3.1 Aufgaben eines Bestatters

Liste, die dazu beitragen kann, die Ängste von Menschen zu entzaubern, die mit dem Bestatter in Kontakt treten:

1. **Rund um die Uhr erreichbar:** Bestatter sind 24 Stunden am Tag, 7 Tage die Woche erreichbar, um den Hinterbliebenen in Notfallsituationen zur Seite zu stehen und Unterstützung zu bieten.

2. **Vorbereitung des Verstorbenen:** Ein Bestatter kann die Aufgabe übernehmen, den Verstorbenen vorzubereiten, wenn die Angehörigen dies nicht selbst tun möchten. Das beinhaltet die Waschung, Ankleiden und gegebenenfalls das Schminken.

3. **Behördenangelegenheiten:** Der Bestatter kann den Hinterbliebenen bei den erforderlichen Abmeldungen und Formalitäten unterstützen, die mit dem Tod verbunden sind, einschließlich der Kontaktaufnahme mit Behörden und der Organisation von Dokumenten.

4. **Organisation der Trauerfeier:** Der Bestatter hilft bei der Organisation der Trauerfeier und koordiniert Termine mit den entsprechenden Institutionen. Dies umfasst die Planung der Zeremonie, die Auswahl des Sarges oder der Urne, sowie die Abstimmung mit dem Friedhof oder Krematorium.

5. **Beratung bei Grabarten:** Bestatter können bei der Auswahl der Grabart auf dem Friedhof behilflich sein und dabei helfen, die Wünsche der Familie zu berücksichtigen.

6. **Hilfestellung bei Trauerdruck und Anzeigen:** Der Bestatter bietet Unterstützung bei der Gestaltung von Trauerdruck, Todesanzeigen und Dankesanzeigen.

7. **Beratung zu Musik und Blumenschmuck:** Einige Bestatter bieten auch Beratung bei der Auswahl von Musik für die Trauerfeier und beim Blumenschmuck an, um den individuellen Wünschen gerecht zu werden.

8. **Eigeninitiative der Hinterbliebenen:** In der Regel haben die Hinterbliebenen die Möglichkeit, viele Aspekte der Beerdigung oder Beisetzung selbst zu gestalten, wobei der Bestatter als Unterstützung und Ratgeber fungiert.

9. **Überführung mit einem Bestattungskraftwagen:** Die Überführung des Verstorbenen vom Sterbeort zum Friedhof oder Krematorium erfolgt in Deutschland mit einem speziell dafür ausgerüsteten Bestattungskraftwagen (Leichenwagen).

10. **Transparente Kostenplanung:** Moderne Bestatter legen Wert auf transparente Kostenplanung. Sie besprechen von Anfang an alle finanziellen Aspekte und ermöglichen so, dass die Hinterbliebenen in ihrer Entscheidungsfindung unterstützt werden.

Diese Liste zeigt, dass Bestatter nicht nur logistische Unterstützung bieten, sondern auch einfühlsam auf die Bedürfnisse der Hinterbliebenen eingehen und sie durch den Prozess der Bestattung begleiten können.

3.2 Eine Entdeckungsreise durch ein Bestattungshaus

Herzlich willkommen zu einer besonderen Entdeckungsreise!
Ein Bestattungshaus ist ein Ort, an dem Menschen Abschied von ihren Liebsten nehmen und die Bestatter sich um sie kümmern, nachdem sie gestorben sind. Es mag zunächst ungewohnt erscheinen, aber lasst uns gemeinsam erkunden, was es hier alles gibt und wofür es verwendet wird:

Empfangsbereich: Wenn wir das Bestattungshaus betreten, werden wir zunächst im Empfangsbereich begrüßt. Hier können wir mit freundlichen Menschen, die den Beruf des Bestatters ausüben, sprechen. Sie helfen uns und beantworten unsere Fragen. Es ist ein Ort, an dem sich Menschen treffen, um über den Verlust ihrer Liebsten zu sprechen und Unterstützung zu finden.

Abschiedsräume: In vielen Bestattungshäusern gibt es Räume, in denen die Verstorbenen im offenen Sarg aufgebahrt werden. Diese Räume bieten den Familien die Möglichkeit, sich von ihren Verstorbenen zu verabschieden.

Kühlraum: Hier werden die Verstorbenen gekühlt, um ihre Körper bis zur Beerdigung oder Einäscherung zu erhalten.

Versorgungsraum: In diesem Raum werden die Verstorbenen für ihre Einbettung in den Sarg vorbereitet. Der tote Körper wird vom Bestatter hygienisch versorgt, gewaschen, eingekleidet und für die Einbettung im Sarg vorbereitet.

Besprechungsräume: Hier können Familien die notwendigen Formalitäten und Wünsche mit dem Bestatter besprechen, wie die Organisation der Beerdigungsdienste, die Auswahl von Särgen oder Urnen und die Abwicklung von rechtlichen Angelegenheiten. Die Bestatter unterstützen die Hinterbliebenen während dieses Prozesses.

Särge und Urnen: In einem Bestattungshaus können wir auch verschiedene Arten von Särgen und Urnen sehen. Wir können die verschiedenen Designs und Materialien erkunden, wie Holz, Kohle, Keramik, etc.

3.3 Vorbereitung für „Die letzte Reise"

Wenn jemand stirbt, wird sein Körper für seine letzte Reise vorbereitet. Dies geschieht mit Würde und Respekt des Verstorbenen. Die Aufgabe übernimmt meist der Bestatter. Manchmal kommen Familienangehörige zum Bestatter und sie waschen und betten den Verstorbenen gemeinsam ein.

Der Verstorbene wird gewaschen. Dann wird ihm seine Lieblingskleidung angezogen oder ein Sterbehemd. Sterbehemden können Blumenmuster haben oder besondere Details wie eine Fliege für Männer. Sie werden hinten zugeschnürt.

Wenn der Verstorbene einen Bart hat, wird er rasiert und sein Gesicht wird eingecremt. Die Haare werden gekämmt. Manchmal möchten die Familienangehörigen auch, dass der verstorbene Mensch geschminkt wird oder das Lieblingsparfüm aufgelegt wird.

Wenn jemand stirbt, ist sein Mund oft offen, weil die Muskeln nicht mehr funktionieren. Damit der Verstorbene natürlich aussieht, wird meist sein Mund mit einer speziellen Technik vorsichtig geschlossen.

Wenn es Wunden am Körper gibt, werden diese versorgt. Manchmal müssen sie genäht, mit einem Pflaster bedeckt oder mit einer Binde verbunden werden.

Danach wird der Verstorbene in den Sarg gelegt, den die Angehörigen ausgesucht haben. Dies nennt man einbetten. Unter seinen Kopf wird ein Kissen gelegt und sein Körper wird bis zum Bauch mit einer Decke zugedeckt. Dann ist er bereit für seine letzte Reise.

Jetzt können Angehörige, Verwandte, Freunde und Bekannte am Sarg Abschied nehmen.

4. Rund um die Trauerfeier

4.1 Beschreibung des Ablaufs einer Trauerfeier
bis zur Beerdigung auf einem Friedhof mit Erdgrab (ein Beispiel)

1. Vorbereitung und Planung:
- Die Familie trifft sich mit einem Bestatter, um die Details der Beerdigung zu besprechen. Dazu gehören die Auswahl des Sarges oder der Urne, die Bestimmung des Friedhofs, die Terminierung der Trauerfeier und andere Wünsche.
- Die Familie entscheidet, ob die Trauerfeier öffentlich, anonym oder privat sein soll und legt fest, wer eingeladen wird.
- Ein Trauerredner, ein Geistlicher oder jemand aus der Familie oder dem Freundeskreis selbst wird ausgewählt, um die Zeremonie zu leiten und gegebenenfalls religiöse oder spirituelle Rituale durchzuführen.
- Es werden Entscheidungen über Blumenschmuck, Musik, Redner und andere Details getroffen, um eine persönliche Zeremonie zu gestalten.

2. Vor der Trauerfeier:
- Die Familie und enge Freunde treffen sich oft vor der Trauerfeier, um sich gegenseitig zu trösten.
- Die Angehörigen und Freunde haben die Möglichkeit, von dem Verstorbenen am offenen Sarg Abschied zu nehmen.

3. Die Trauerfeier:
- Die Trauerfeier kann in einer Kirche, einem Bestattungsinstitut, einem Trauerhaus, direkt am Grab oder an einem anderen Ort stattfinden. Oft findet sie in der Trauerhalle auf dem Friedhof statt.
- Die Zeremonie beginnt oft mit Musik oder einem Gebet, Reden von Familienmitgliedern, Freunden oder dem Trauerredner, die das Leben des Verstorbenen ehren und die Erinnerungen teilen.
- Religiöse oder spirituelle Rituale können durchgeführt werden, je nach den Wünschen und Überzeugungen des Verstorbenen oder der Familie.
- Musik, Gedichte oder andere kulturelle Elemente können ebenfalls Teil der Zeremonie sein.
- Die Trauerfeier endet oft mit einem Segen oder einem Abschiedsgruß und dem Auszug der Trauergemeinde von dem Trauerfeierort.

4. Die Beerdigung:

- Nach der Trauerfeier bewegen sich die Gäste zum Grab auf dem ausgesuchten Friedhof, wo die eigentliche Beerdigung des Sarges oder die Beisetzung der Urne stattfindet.
- Ein Redner, Geistlicher oder ein Familienmitglied hält eine kurze Ansprache am Grab.
- Der Sarg oder die Urne wird in das Grab gesenkt, begleitet von musikalischen Klängen oder in der Stille.
- Die Trauergäste gehen oft der Reihe nach an das Grab, ehren den Verstorbenen in Stille und legen Blumen als Nachwurf in das Grab.

5. Nach der Beerdigung:

- Die Trauergäste können sich zu einem Trauerkaffee – auch Leichenschmaus genannt – treffen. Dort erwartet sie meist Kuchen, Kaffee, etc.
  Die Trauergäste trösten sich gegenseitig und tauschen Erinnerungen über den Verstorbenen aus.
- Essen und Trinken werden oft serviert, um die Gemeinschaft zu stärken und den Verstorbenen zu ehren.
- Der Abschluss des Tages bietet den Trauernden die Möglichkeit, sich gegenseitig zu unterstützen und die Erinnerung an den Verstorbenen zu feiern.

Die Details können je nach den individuellen Wünschen und kulturellen Traditionen der Familie variieren, aber sie bieten eine allgemeine Vorstellung davon, wie eine Trauerfeier und Beerdigung / Beisetzung ablaufen kann.

4.1.1 Kindgerecht erklärt:

Beschreibung des Ablaufs einer Trauerfeier bis hin zur Beerdigung auf einem Friedhof mit Erdgrab

1. **Vorbereitung und Planung:**
   - Die Familie trifft sich mit jemandem, der hilft, wenn jemand gestorben ist. Dies ist der Bestatter. Sie besprechen, wie sie Abschied nehmen wollen und was sie sich für die Zeremonie wünschen.
   - Sie denken darüber nach, wo die Feier stattfinden soll, welche Musik gespielt werden soll und wer etwas sagen möchte, um an die verstorbene Person zu erinnern.

2. **Vor der Trauerfeier:**
   - Bevor die Trauerfeier beginnt, können die Kinder Bilder ansehen oder an schöne Momente mit der Person denken. Es ist auch okay, traurig zu sein und zu weinen.

3. **Die Trauerfeier:**
   - Die Trauerfeier ist wie eine Versammlung, bei der die Familie und Freunde zusammenkommen, um sich an die Person zu erinnern, die gestorben ist.
   - Es wird Musik gespielt und Menschen erzählen Geschichten über die Person, die sie liebten. Es ist okay zu lachen, wenn man sich an lustige Momente erinnert, und es ist auch okay zu weinen, wenn man traurig ist.
   - Manche Leute beten oder sagen besondere Worte, um der verstorbenen Person Tschüss zu sagen.

4. **Die Beerdigung:**
   - Nach der Feier gehen alle zum Friedhof. Dort wird die verstorbene Person im Sarg ins Grab gelegt oder die Urne wird im Grab beigesetzt.
   - Ein Pfarrer, Redner oder eine andere Person sagt noch ein paar Worte, um Abschied zu nehmen.
   - Die Familie und Freunde können Blumen in das Grab legen oder etwas sagen, wenn sie möchten.

5. Nach der Beerdigung:

- Nach der Beerdigung gehen alle, die zur Trauerfeier gekommen sind, oft zusammen Kuchen essen oder trinken Kaffee oder Tee. Sie erinnern sich an die Person, die gestorben ist.

Wichtig: Es ist in Ordnung, traurig zu sein und es ist okay, über die Person zu sprechen, die gestorben ist. Trauerfeiern und Beerdigungen sind dazu da, sich zu erinnern und sich gegenseitig zu trösten.

4.2 Ein Beispiel für eine Trauerfeier

Die Beerdigung unseres Dorfwirtes

Es berührt mich zu hören, wie in Ghana Menschen in ihrer Einzigartigkeit beerdigt werden, ihre Lebensweise und Leidenschaften respektiert werden – bis zum letzten Abschied.

Eine ähnliche Erfahrung habe ich selbst gemacht, als ich an der Beerdigung des Kneipenwirtes in unserem Dorf teilnahm. Es war eine Feier, die seinem Leben und seiner Persönlichkeit in jeder Hinsicht gerecht wurde.

Die Sargträger, die auch das Grab nach der Beerdigung schlossen, wurden mit Schnaps belohnt, während in seiner Kneipe, seinem geliebten Ort, der „Trauerkaffee" serviert wurde. Neben Kuchen und verschiedenen Wurstsorten gab es Brot und eine Auswahl an Getränken, die den Geist des Verstorbenen und der Kneipe widerspiegelten – nicht nur Kaffee und Tee, sondern auch Bier und Schnaps.

Ein Bild des Verstorbenen zierte den Tisch als liebevolle Erinnerung und ein Gästebuch wurde herumgereicht, um Gedanken und Geschichten festzuhalten. Die Atmosphäre war eine Mischung aus Lachen und Weinen, während die Enkelkinder bewegende Reden hielten und die vielen Facetten seines Lebens würdigten.

Es war ein Fest der Erinnerungen, spontan und lebendig, das bis in die Nacht dauerte. An diesem Tag war der Verstorbene unter uns, lebendig durch die Erinnerungen und Geschichten, die geteilt wurden – sowohl die guten als auch die weniger guten Seiten. Es war eine Beerdigung, die mich berührt hat und an die ich gerne zurückdenke – eine authentische Feier seines Lebens, so wie er es gelebt hatte.

Vielleicht können wir uns von solchen Erfahrungen inspirieren lassen und Trauerfeiern gestalten, die dem Leben und den Leidenschaften des Verstorbenen gerecht werden. Einen Abschied schaffen, der die Einzigartigkeit und Individualität eines jeden Menschen würdigt.

4.3 Vorsorge zu Lebzeiten treffen

Als Bestatterin und Mutter wünsche ich mir oft, dass wir alle etwas entspannter mit einem Thema umgehen könnten, das für viele von uns schwer zu besprechen ist: den Tod. Es liegt mir am Herzen, dass wir uns aktiv mit unserem eigenen Abschied auseinandersetzen und Vorsorge treffen, damit wir unseren Liebsten in schweren Zeiten unseres Todes eine Last abnehmen.

In meiner Arbeit erlebe ich oft, wie Angehörige in Trauergesprächen ratlos sind, weil sie nicht wissen, was sich der Verstorbene gewünscht hätte. Lasst uns den Tod nicht mehr als ein Tabu betrachten, sondern als einen Teil des Lebens, über den wir offen und ehrlich sprechen können.

Indem wir unsere eigenen Wünsche und Vorstellungen kommunizieren, geben wir unseren Liebsten die Möglichkeit, unseren Abschied so zu gestalten, wie wir es uns wünschen. Lasst uns gemeinsam eine Kultur schaffen, in der der Tod kein unangenehmes Thema mehr ist, sondern eine Chance für uns, uns bewusster und achtsamer mit unserem Leben, dem Tod an unserer Seite und unseren Liebsten zu beschäftigen.

Nach dem Tod eines Herzensmenschen können Rituale helfen:
Rituale sind wunderbare Begleiter auf dem Trauerweg. Ein Tee, den du zu Lebzeiten mit Oma getrunken hast, kann zu einem vielleicht beruhigenden Ritual werden. Das Aufstellen eines Bildes oder das Anzünden einer Kerze zum Gedenken an den verstorbenen Herzensmenschen können uns helfen, den Schmerz zu lindern und die Erinnerungen lebendig zu halten.

Unser Weg durch die Trauer wird sich im Laufe der Zeit verändern, und das ist völlig in Ordnung. Es gibt kein Richtig oder Falsch, sondern nur unseren eigenen Weg, den wir gehen müssen, bis wir fühlen, dass wir es nicht mehr brauchen.

Den Abschied lernen wir schon bei der Geburt eines Kindes:
Wie bei der Geburt, wo die Nabelschnur durchtrennt wird, markiert der Tod den ersten Abschied.

Auch liegt es mir sehr am Herzen, dass wir uns schon vor dem Eintritt unserer Kinder in den Kindergarten mit dem Thema Abschied und Trauer auseinandersetzen. Die Phase der Eingewöhnung in den Kindergarten markiert eine wichtige

Entwicklungsstufe, sowohl für das Kind als auch für die Eltern. Die Trennung von der Mutter während dieser Zeit kann für beide Seiten ein schmerzhafter Prozess sein, der mit Trauer und Abschied verbunden ist, ähnlich wie der Verlust eines geliebten Menschen in der Familie.

Es ist daher entscheidend, dass wir als Eltern lernen, lockerer mit dem Thema Tod und Trauer umzugehen und uns schon vorher damit beschäftigen. Indem wir uns selbst mit unseren eigenen Ängsten und Unsicherheiten auseinandersetzen, können wir unseren Kindern ein unterstützendes und einfühlsames Umfeld bieten, in dem sie lernen können, mit Verlust und Abschied umzugehen.

Lasst uns gemeinsam eine Kultur schaffen, in der der Tod kein Tabuthema mehr ist, sondern ein natürlicher Bestandteil des Lebens, über den wir offen und respektvoll sprechen können. Indem wir uns schon vor dem Kindergarten mit dem Thema Abschied und Trauer befassen, legen wir den Grundstein für eine gesunde und einfühlsame Bewältigung von Verlust und Abschied, sowohl für uns selbst als auch für unsere Kinder.

Beispiel für eine Formulierung:
Meine eigenen Wünsche – wenn ich gestorben bin:
Wenn der Moment kommt, in dem ich diese Welt verlasse, möchte ich, dass meine Trauerfeier ein Fest meines Lebens ist, eine Feier der Freude und der Erinnerungen, die ich mit den Menschen geteilt habe, die mich mögen.

Ich wünsche mir eine Trauerfeier mit Sarg, einem Bild und meiner Lieblingsmusik (alles kann sich natürlich noch ändern – ist ja schließlich nichts in Stein gemeißelt!), wo meine Lieben zusammenkommen. Ich möchte, dass nicht nur geweint, sondern auch gelacht wird, denn mein Leben war viel Lachen, Freude, Liebe und natürlich auch manchmal ärgerlich.

Ein Trauerredner soll nicht nur von traurigen Abschieden sprechen, sondern von den Abenteuern, die ich gemeinsam mit meinen Lieben erlebt habe und den Geschichten, die wir geteilt haben. Ich möchte, dass meine Beerdigung eine Feier meines Lebens ist, eine Erinnerung an die Momente, die uns glücklich und vielleicht manchmal auch traurig gemacht haben.

Ob ich am Ende erdbestattet oder eingeäschert werde, spielt keine große Rolle für mich. Wichtig ist mir, dass meine Lieben nach der Zeremonie zusammenkommen zu einer Party, um zu essen, zu trinken, Musik zu hören und sich an mich zu erinnern. Ein Hähnchenwagen soll bereitstehen, um meine Gäste zu bewirten und auf einem Beamer sollen Bilder meines Lebens gezeigt werden, damit jeder sehen kann, wie ich gelebt habe.

So möchte ich meine eigene Beerdigung gestalten – als eine Feier meines Lebens und eine Erinnerung an die Liebe und die Freude, die ich mit meinen Lieben geteilt habe.

4.4 Abschied nach deinen Vorstellungen (kleiner Leitfaden)

Wenn der Tag kommt und ich diese Welt verlasse, möchte ich sicherstellen, dass mein Abschied so gestaltet wird, wie ich es mir wünsche.

Hier sind meine Vorstellungen:

1. Ort der Beisetzung:
- Gewünschter Ort des Friedhofs oder der Beisetzung
- Abklären, wenn man nicht in diesem Ort wohnt, ob dies möglich ist

2. Musik:
- Liste meiner Lieblingslieder oder Musikstücke
- Meist bis zu 3 Liedern
- Von Band, Chor, Musikinstrumente, Solisten, etc.

3. Trauerfeier:
- Eine Trauerfeier, wo Menschen zusammenkommen können um von mir Abschied zu nehmen

4. Art der Bestattung:
- Erdbestattung / Urnenbestattung / Seebestattung, etc.

5. Pfarrer / Redner:
- Jemand, der meine Lebensgeschichte in würdigen Worten teilen kann
- Religiöser Abschied
- Familie selbst

6. Persönliche Gegenstände bei der Trauerfeier:
- **Beispiel:** mein Fahrrad, Wolle mit Stricknadeln oder andere persönliche Gegenstände, die meine Interessen und Leidenschaften repräsentieren

7. Trauerkaffee:
- Eine Zusammenkunft nach der Trauerfeier, bei der meine Lieben sich austauschen und gemeinsam Erinnerungen teilen können bei Kaffee, Kuchen, Suppe, Schnittchen, etc.

8. Sarg-/Urnenbeigaben:

- Ob und welche persönlichen Gegenstände
  in meinen Sarg oder meine Urne gelegt werden sollen
- Soll der Schmuck an bleiben, oder ausgezogen werden
  (Bei einer Feuerbestattung wird dieser mit verbrannt)

9. Sarg/Urne:

- Aussuchen
- Vielleicht anmalen lassen von den Angehörigen

10. Kleidung:

- Eigene Kleidung oder ein Sterbehemd, je nach persönlicher Vorliebe

11. Abschiednahme:

- Eine Abschiednahme am offenen Sarg für meine Lieben,
  wenn sie das Bedürfnis danach haben

12. Eigene Kissen und Decke:

- Möglichkeit, mein eigenes Kissen und meine eigene Decke
  von zu Hause mitzunehmen

... es gibt noch weitere Punkte. Die Liste kann beliebig fortgeführt werden.

Diese Liste soll dir helfen, deine Wünsche für deinen Abschied klar und deutlich festzuhalten. Wenn du sicherstellen möchtest, dass alles genau nach deinen Vorstellungen verläuft, empfehle ich dir, mit einem Bestatter deines Vertrauens zu sprechen. Bei einem Vorsorgegespräch können alle Details besprochen und deine Wünsche professionell umgesetzt werden.

5. Wie verstehst und unterstützt du dein Kind

5.1 So unterstützt du dein Kind bei einem Sterbefall. Wie mit dem Kind umgehen?

Der Verlust eines geliebten Menschen ist eine der schwersten Herausforderungen, mit denen wir im Leben konfrontiert werden. Wenn es darum geht, den Tod eines Verstorbenen einem Kind gegenüber zu kommunizieren, ist es von größter Bedeutung, behutsam und einfühlsam vorzugehen.

Kinder können auf unterschiedliche Weise auf den Tod und den damit verbundenen Abschied reagieren. Einige Kinder können verstummen, andere werden wütend oder brechen emotional zusammen. Diese Reaktionen sind normal und Teil des Trauerprozesses. Es ist wichtig, dem Kind zu erklären, dass es in Ordnung ist, all diese Gefühle zu haben und dass es keine Schuld am Tod des Verstorbenen trägt, auch wenn es zuvor Meinungsverschiedenheiten oder Streitigkeiten gegeben hat.

Bei der Überbringung der Nachricht über den Tod eines Familienmitglieds oder einer nahestehenden Person ist es wichtig, ehrlich zu sein und die Informationen altersgerecht zu vermitteln. Verwende eine klare und verständliche Sprache. Du kannst dem Kind erklären, dass der Verstorbene nicht mehr lebt und in seinem Körper kein Leben mehr ist. Du kannst auch erklären, dass der Tod ein natürlicher Teil des Lebens ist und dass es normal ist, traurig zu sein.

Während des Trauerprozesses ist es wichtig, dem Kind eine stabile und unterstützende Umgebung zu bieten. Das Einhalten von Routinen, wie z.B. gemeinsame Mahlzeiten, Kuschelmomente und das Vorlesen von Gutenachtgeschichten, kann dem Kind Sicherheit und Trost geben. Offene Gespräche über Emotionen, Fragen beantworten und dem Kind erlauben, am Abschied teilzunehmen, können ihm helfen, den Verlust zu verstehen und mit seiner Trauer umgehen zu lernen.

Es ist auch wichtig, dem Kind zu zeigen, dass es in Ordnung ist, Gefühle zu zeigen – sei es Trauer, Wut oder Verwirrung. Indem du einfühlsam und geduldig bist, kannst du dem Kind helfen, es durch diesen schwierigen Prozess zu navigieren und ihm das Gefühl geben, dass es nicht allein ist.

Abschließend möchte ich betonen, dass es keine festen Regeln gibt, wie man mit dem Tod umgehen soll, insbesondere wenn es um Kinder geht. Jedes Kind ist einzigartig und wird auf seine eigene Weise mit dem Verlust umgehen. Indem wir ihnen Liebe, Unterstützung und Verständnis bieten, können wir ihnen helfen, mit dieser schwierigen Zeit umzugehen und sie auf ihrem Trauerweg begleiten.

> Deine Liebe, Geduld, Empathie und „für es da sein" helfen dem Kind auf seinem Trauerweg. – Vertraue und hör auf dein Bauchgefühl – mehr braucht es meistens nicht!

5.1.1 Klare, direkte und einfache Sprache bei Kindern verwenden.

In Zeiten es Verlusts und der Trauer ist es von entscheidender Bedeutung, dass wir klar und einfach kommunizieren, insbesondere wenn es darum geht, Kindern den Tod zu erklären. Bildliche Ausdrücke wie „Opa ist eingeschlafen" oder „Tante Hedwig ist fortgegangen" können bei Kindern Verwirrung und Ängste hervorrufen. Kinder nehmen solche Aussagen oft wörtlich und könnten glauben, dass der Verstorbene wieder aufwachen oder zurückkehren wird.

Daher ist es wichtig, eine klare und direkte Sprache zu verwenden, um zu erklären, dass die Person gestorben ist und nicht mehr zurückkommen wird. Indem wir uns auf einfache Worte und klare Botschaften konzentrieren, können wir sicherstellen, dass Kinder den Tod besser verstehen und ihre Trauer effektiver verarbeiten können.

Es ist auch wichtig anzuerkennen, dass Kinder möglicherweise Angst haben, schlafen zu gehen und vor dem eigenen Tod. Der Gedanke, dass jemand „eingeschlafen" ist und nicht mehr aufwacht, kann bei Kindern Angst vor dem Einschlafen hervorrufen. In solchen Momenten ist es wichtig, einfühlsam zu sein und dem Kind zu versichern, dass es sicher ist und dass der Tod ein natürlicher Teil des Lebens ist.

Durch klare Sprache fördern wir eine offene und ehrliche Kommunikation über den Tod, was wiederum den Heilungsprozess für Erwachsene fördert. Indem wir uns nicht hinter bildlichen Ausdrücken verstecken, sondern den Tod klar benennen, können wir uns gegenseitig besser unterstützen und trösten.

Klare Sprache schafft auch Raum für eine gesunde Verarbeitung von Trauer. Indem wir den Tod ohne Umschweife benennen, ermöglichen wir es uns selbst und anderen, unsere Gefühle frei auszudrücken und uns gegenseitig Trost zu spenden.

Insgesamt ist die Verwendung klarer und einfacher Sprache ein entscheidender Schritt, um den Tod zu verstehen und mit ihm umzugehen.

5.1.2 Ätherische Öle bei Trauer

Ätherische Öle können eine unterstützende Rolle bei der Bewältigung von Trauer spielen. Ihre aromatherapeutischen Eigenschaften können dabei helfen, emotionale Belastungen zu lindern und das allgemeine Wohlbefinden zu verbessern.

Hier sind einige Möglichkeiten, wie ätherische Öle Trauernden helfen können:

1. **Entspannung und Beruhigung:** Bestimmte ätherische Öle wie Lavendel, Kamille und Ylang-Ylang haben beruhigende Eigenschaften, die helfen können, Stress abzubauen und eine Atmosphäre der Ruhe zu schaffen. Dies kann besonders nützlich sein, wenn Trauernde unter Schlaflosigkeit oder Angstzuständen leiden.

2. **Emotionales Gleichgewicht:** Ätherische Öle wie Bergamotte, Rose und Mandarine können dabei helfen, das emotionale Gleichgewicht wiederherzustellen und positive Gefühle zu fördern. Sie können dabei helfen, Trauer zu mildern und ein Gefühl der Hoffnung und des Trostes zu bewirken.

3. **Stimmungsaufhellung:** Zitrusöle wie Zitrone, Orange und Grapefruit haben aufhellende Eigenschaften und können dabei helfen, die Stimmung zu verbessern und negative Gedanken zu vertreiben. Dies kann Trauernden helfen, sich energetischer und positiver zu fühlen.

4. **Selbstpflege und Ritual:** Das Verwenden von ätherischen Ölen als Teil einer Selbstpflege-Routine oder eines Rituals kann Trauernden dabei helfen, sich selbst etwas Gutes zu tun und sich bewusst Zeit für ihre Trauerarbeit zu nehmen. Ein warmes Bad mit ein paar Tropfen ätherischen Ölen (Tropfen mit einem Träger, z.B. Milch mischen, da die Tropfen sonst auf der Wasseroberfläche schwimmen und sich nicht vermischen) oder das Einreiben mit einem duftenden Massageöl oder ein paar Tropfen im Diffuser kann beruhigend sein.

Wenn du ätherische Öle verwenden möchtest, solltest du sicherstellen, dass sie von hoher Qualität sind und keine allergischen Reaktionen hervorrufen.

5.2 Kinder trauern anders als Erwachsene – das ist okay!

Kinder trauern anders als Erwachsene. Ihr Trauerprozess folgt einem Muster, das für viele Erwachsene schwer verständlich sein kann. Kinder erleben ihre Trauer oft in kurzen, intensiven Phasen. In einem Moment können sie unendlich traurig sein und die verstorbene Person schmerzlich vermissen. Im nächsten Moment sind sie wieder voller Lebensfreude und spielen, als wäre nichts geschehen.

Diese scheinbare Sprunghaftigkeit liegt daran, dass Kinder noch stark im „Hier und Jetzt" leben. Sie haben noch nicht die gleiche Fähigkeit wie Erwachsene, langfristige und komplexe emotionale Zustände aufrechtzuerhalten. Für Kinder ist es natürlich, ihre Gefühle unmittelbar und intensiv auszudrücken, um dann schnell wieder zu anderen Aktivitäten überzugehen. Dieses Verhalten ist ein gesunder Teil ihres Entwicklungsprozesses und ihrer Art, mit Verlust umzugehen.

Für Erwachsene kann dies befremdlich wirken. Es mag so erscheinen, als ob das Kind den Verlust nicht richtig versteht oder nicht wirklich trauert. Doch das Gegenteil ist der Fall: Kinder verarbeiten ihre Trauer auf ihre eigene Art und Weise, die genauso gültig und wichtig ist wie der Trauerprozess von Erwachsenen.

Es ist wichtig, dass wir als Erwachsene die Art und Weise respektieren, wie Kinder trauern. Wir sollten ihnen den Raum und die Freiheit geben, ihre Gefühle auf ihre eigene Weise zu erleben. Das bedeutet auch, dass wir auf ihre emotionalen Bedürfnisse eingehen und ihnen Unterstützung anbieten, wenn sie traurig sind, aber auch ihre fröhlichen Momente anerkennen.

Kinder brauchen das Gefühl von Sicherheit und Geborgenheit – besonders in Zeiten der Trauer. Einfühlsame Gespräche, einfache Erklärungen und viel Geduld helfen ihnen, ihre Gefühle zu verstehen und zu verarbeiten. Wir sollten ihnen auch die Möglichkeit geben, ihre Trauer kreativ auszudrücken, sei es durch Malen, Basteln oder Spielen.

Es ist auch wichtig zu erkennen, dass Trauer bei Kindern immer wieder aufkommen kann, besonders an wichtigen Tagen oder bei bestimmten Ereignissen, die an die verstorbene Person erinnern. Ihre Art, den Verlust zu verarbeiten, kann sich mit der Zeit verändern, und es ist unsere Aufgabe, sie auf diesem Weg zu begleiten und zu unterstützen.

In der Begleitung trauernder Kinder ist Verständnis und Einfühlungsvermögen von größter Bedeutung. Indem wir ihre Trauer ernst nehmen und ihnen gleichzeitig erlauben, weiterhin Kind zu sein, helfen wir ihnen, auf gesunde Weise mit ihrem Verlust umzugehen.

5.2.1 Gefühle von Kindern, die trauern

Traurigkeit: Kinder können sehr traurig sein, wenn sie jemanden verlieren, den sie lieben. Es ist wichtig, ihre Traurigkeit anzuerkennen und ihnen zu zeigen, dass es in Ordnung ist, diese Gefühle zu haben. Gebe ihnen Raum, um zu trauern, und zeige Mitgefühl.

Verwirrung: Kinder können verwirrt sein über ihre eigenen Gefühle und darüber, was mit ihnen passiert. Sie verstehen vielleicht nicht ganz, warum sie sich so fühlen, und das kann sie noch mehr verunsichern. Geduldig zuzuhören und ihre Fragen zu beantworten, kann helfen, ihre Verwirrung zu lindern.

Wut: Manchmal können Kinder wütend auf die Situation sein und sich vielleicht auch unfair behandelt fühlen. Es ist wichtig, ihnen zu helfen, Wege zu finden, um mit ihrer Wut umzugehen, und ihnen zu zeigen, dass es normal ist, auch solche Gefühle zu haben.

Alleinsein: Kinder können sich isoliert und einsam fühlen, besonders wenn sie sich von anderen zurückziehen, um mit ihrer Trauer umzugehen. Es ist wichtig, dass sie wissen, dass sie nicht allein sind und dass du für sie da bist, wenn sie Unterstützung brauchen.

Erinnerungen: Kinder können sich in ihren Erinnerungen verlieren und sich nach vergangenen Zeiten sehnen, die sie mit der verstorbenen Person geteilt haben. Es kann hilfreich sein, mit ihnen über diese Erinnerungen zu sprechen und gemeinsam positive Momente zu reflektieren.

Veränderungen: Der Verlust einer geliebten Person kann das Leben eines Kindes auf den Kopf stellen und zu Veränderungen führen, die du möglicherweise nicht verstehst. Es ist wichtig, ihnen Zeit zu geben, sich anzupassen, und sie durch diese Veränderungen zu begleiten.

Körperliche Reaktionen: Kinder können auch körperliche Symptome zeigen, wie Bauchschmerzen oder Schlafstörungen, die auf ihre Trauer hinweisen.

Schuldgefühle: Kinder könnten sich schuldig fühlen, weil sie denken, dass sie etwas hätten tun können, um den Verlust zu verhindern. Als Erwachsener ist es wichtig, ihnen zu versichern, dass sie keine Schuld tragen und dass der Verlust nicht ihre Verantwortung ist.

Gefühl der Leere: Kinder können ein Gefühl der Leere empfinden – als ob etwas fehlt oder eine Leere in ihrem Leben entstanden ist. Zeige ihnen, dass du das verstehst und dass du für sie da bist, um sie zu unterstützen.

Unterschiedliche Trauerwege: Kinder trauern auf ihre eigene Weise, und es ist wichtig zu akzeptieren, dass ihre Reaktionen möglicherweise anders aussehen als bei Erwachsenen. Gebe ihnen Raum und ermutige sie, ihre Gefühle auszudrücken, wie sie es für richtig halten.

Zeit heilt nicht alles, aber es hilft: Kinder brauchen Zeit, um mit ihrer Trauer umzugehen, und es ist wichtig, geduldig zu sein und sie durch diesen Prozess zu begleiten. Erwarte nicht, dass die Trauer sofort verschwindet, sondern zeige ihnen, dass es im Laufe der Zeit einfacher wird.

Ermutigung zur Selbstfürsorge: Ermutige die Kinder dazu, auf sich selbst aufzupassen und sich selbst Gutes zu tun, während sie durch den Trauerprozess gehen. Zeige ihnen, dass es in Ordnung ist, sich um sich selbst zu kümmern und sich Zeit für sich selbst zu nehmen, um sich zu erholen und zu regenerieren.

5.3 Über Gefühle sprechen, Erinnerungen bewahren

Kinder brauchen Raum, um über ihre Gefühle zu sprechen und ihre Trauer zu verarbeiten. Das Teilen von Erinnerungen und das Erzählen von Geschichten über den Verstorbenen können ihnen dabei helfen, sich verbunden zu fühlen und positive Erinnerungen zu bewahren. Hier sind einige einfühlsame Ansätze, wie man mit Kindern über den Verlust eines geliebten Menschen sprechen kann:

1. **Ermögliche Gespräche über Gefühle:** Ermutige das Kind dazu, über seine Gefühle zu sprechen, indem du ihm zeigst, dass du für es da bist und bereit bist, zuzuhören. Frage das Kind, wie es sich fühlt und ob es etwas geben möchte, worüber es sprechen möchte.

2. **Teilen von Erinnerungen:** Schaut gemeinsam Fotos an und erzählt euch gegenseitig Geschichten über den Verstorbenen. Ermutige das Kind, seine eigenen Erinnerungen zu teilen und die besonderen Momente zu würdigen, die es mit dem Verstorbenen geteilt hat.

3. **Sprecht über den Verstorbenen:** Sprich offen über den Verstorbenen und erinnere das Kind daran, dass es in Ordnung ist, über ihn zu sprechen und ihn zu vermissen. Sei dabei einfühlsam. Vermeide es, nicht über den Verstorbenen zu sprechen, aus Angst, das Kind zu belasten.

4. **Feiere die schönen Erlebnisse:** Betone die positiven Erinnerungen und die schönen Erlebnisse, die das Kind mit dem Verstorbenen geteilt hat. Ermutige es, sich an die lustigen und liebevollen Momente zu erinnern und dankbar für die Zeit zu sein, die es mit ihm verbracht hat.

5. **Gib der Trauer Raum:** Erlaube dem Kind, traurig zu sein und seine Trauer auszudrücken, wenn es das Bedürfnis dazu hat. Gib ihm die Möglichkeit, seine Gefühle zu zeigen, sei es durch Weinen, Malen oder andere kreative Ausdrucksformen.

Indem du dem Kinde erlaubst, seine Gefühle auszudrücken und sich an den Verstorbenen zu erinnern, ermöglichst du ihm einen gesunden Umgang mit seinem Verlust und unterstützt es auf seinem Trauerweg.

5.3.1 Trauerreaktionen bei Kindern

Trauerreaktionen bei Kindern und Jugendlichen können vielfältig sein und hängen oft vom Alter, der Persönlichkeit und den individuellen Erfahrungen des Kindes oder Jugendlichen ab.

Hier sind einige mögliche Reaktionen:

1. **Verleugnung oder Nicht-Verstehen:** Jüngere Kinder können Schwierigkeiten haben, den Tod vollständig zu verstehen und könnten daher den Verlust verleugnen oder nicht vollständig begreifen.

2. **Angst:** Kinder können Angst haben, dass andere Menschen, die ihnen wichtig sind, ebenfalls sterben könnten. Sie können auch Angst haben, alleine gelassen zu werden.

3. **Wut und Frustration:** Kinder können sich wütend fühlen, weil sie den Verlust nicht kontrollieren können. Sie können auch frustriert sein, weil sie nicht verstehen, warum die Person gestorben ist.

4. **Schuldgefühle:** Kinder können sich schuldig fühlen und denken, dass sie auf irgendeine Weise für den Tod verantwortlich sind.

5. **Traurigkeit und Rückzug:** Viele Kinder zeigen Traurigkeit und ziehen sich zurück, um ihre Gefühle zu verarbeiten. Sie können auch weniger aktiv oder weniger interessiert an Aktivitäten sein, die sie früher genossen haben.

6. **Körperliche Symptome:** Einige Kinder können körperliche Symptome zeigen, wie z. B. Bauchschmerzen oder Kopfschmerzen, die auf ihren emotionalen Zustand zurückzuführen sind.

> Es ist wichtig zu beachten, dass nicht alle Kinder alle diese Reaktionen zeigen, und dass Trauer ein individueller Prozess ist. Manche Kinder zeigen vielleicht kaum äußerliche Anzeichen von Trauer, während andere sehr deutlich zeigen können, wie sie sich fühlen.

Quelle: nach Worden, J. W. (2009). Kinder und Trauer. Wenn Eltern sterben. Verlag Herder GmbH.

5.4 Kinder bei Trauerfeiern, Beerdigung/Beisetzung begleiten

Es ist wahrlich wichtig zu erkennen, wie entscheidend Begleitung für Kinder während eines Trauerprozesses ist, insbesondere bei Trauerfeiern, Beerdigungen und Beisetzungen. Erwachsene können oft so tief in ihrer eigenen Trauer versunken sein, dass sie möglicherweise nicht die volle Aufmerksamkeit und Unterstützung bieten können, die ein trauerndes Kind benötigt.
In solchen Momenten kann die Anwesenheit eines speziellen Begleiters von unschätzbarem Wert sein.

Ein Begleiter für das Kind sollte jemand sein, dem das Kind vertraut, bei dem es sich wohl fühlt – ein Familienmitglied, ein enger Freund oder sogar ein Nachbar. Diese Person kann dem Kind während des gesamten Prozesses zur Seite stehen, sowohl vor als auch während der Beisetzung. Es ist wichtig, dass das Kind spürt, dass es jemanden hat, der für es da ist und seine Bedürfnisse und Emotionen versteht.

Die Rolle des Begleiters ist vielfältig: Trost spenden, das Kind in den Arm nehmen, wenn es das möchte, Fragen beantworten und das Kind aus der Situation nehmen, wenn es zu überwältigend wird. Es geht darum, einfühlsam auf das Kind einzugehen und ihm zu ermöglichen, seine Trauer auf seine eigene Weise zu verarbeiten.

Vor der Beisetzung ist es entscheidend, das Kind in den Entscheidungsprozess einzubeziehen und zu fragen, ob es mit zur Trauerfeier kommen möchte. Es ist wichtig, das Kind auf die bevorstehende Veranstaltung vorzubereiten und ihm zu erklären, was es erwarten kann. Selbst kleinere Kinder sollten die Möglichkeit haben, an solchen Ereignissen teilzunehmen, um zu verstehen, dass es normal ist, geliebte Menschen zu verabschieden und dass es auch Raum für Erinnerungen gibt.

Es ist von großer Bedeutung, dass wir als Erwachsene unsere eigenen Ängste und Unsicherheiten beiseite legen und den Kindern die Chance geben, ihren eigenen Trauerweg zu gehen. Durch Offenheit, Einfühlungsvermögen und liebevolle Begleitung können wir ihnen helfen, diesen Prozess zu durchleben und zu verstehen.

5.5 Wenn Eltern sterben

Wenn ein Elternteil oder beide Elternteile sterben, hat das häufig rechtliche und emotionale Herausforderungen für das Kind zur Folge. Es ist wichtig, rechtzeitig Vorsorge zu treffen, um sicherzustellen, dass die Bedürfnisse des Kindes im Falle eines solchen tragischen Ereignisses angemessen berücksichtigt werden.

Rechtlich gesehen wird im Falle des Todes eines Elternteils das Sorgerecht automatisch auf den überlebenden Elternteil übertragen, sofern kein anderer Elternteil zu Lebzeiten das alleinige Sorgerecht hat. Falls beide Elternteile versterben, wird ein Vormund bestimmt, entweder durch eine vorherige schriftliche Erklärung der Eltern oder durch gerichtliche Entscheidung.

Um sicherzustellen, dass die Wünsche der Eltern berücksichtigt werden, sollten sie frühzeitig Vorsorge treffen. Dies kann durch die Erstellung eines Testamentes geschehen, in dem ein Vormund für das Kind benannt wird. Es ist auch ratsam, eine Vollmacht zu verfassen, die eine vertrauenswürdige Person bevollmächtigt, im Falle von Unfähigkeit oder Tod der Eltern Entscheidungen bezüglich des Kindes und auch für dessen Erbe / Vermögen zu treffen.

Für unverheiratete Eltern ist es besonders wichtig, die elterliche Verantwortung offiziell festzulegen. Dies kann durch die Anerkennung der Vaterschaft und die Festlegung des Sorgerechts geschehen. Diese rechtlichen Schritte bieten Sicherheit für das Kind und vermeiden potenzielle rechtliche Komplikationen im Falle des Todes eines Elternteils.

Durch eine frühzeitige Vorsorge können Eltern sicherstellen, dass ihr Kind im Falle ihres Todes gut versorgt ist und ihre Wünsche respektiert werden, was zu einem reibungslosen Übergang und weniger Belastung für die Familie führt.

GANZ WICHTIG – VON ANFANG AN VORSORGE TREFFEN!!
Falls keine Vorsorge getroffen wurde und ein Elternteil verstirbt, kann dies zu rechtlichen Komplikationen führen. Wenn keine klaren Anweisungen in einem Testament oder einer Vollmacht hinterlassen wurden, müssen die Behörden oder ein Gericht entscheiden, wer das Sorgerecht für das Kind erhält. Dies kann zu Verzögerungen und Unsicherheiten führen, da potenzielle Vormunde ausgewählt werden müssen, ohne dass die Wünsche der Eltern bekannt sind.

Im Falle des Todes beider Elternteile ohne klare Vorsorgeregelung kann dies zu einem langwierigen und komplexen Verfahren führen, bei dem die Kinder möglicherweise vorübergehend in staatliche Obhut kommen, bis geeignete Vormunde bestimmt werden.

Es ist daher entscheidend, dass Eltern frühzeitig Vorsorge treffen, um sicher zu stellen, dass ihr Kind im Falle ihres Todes angemessen versorgt wird und ihre Wünsche respektiert werden.

5.6 Tod aus der Ferne – Kriege, Naturkatastrophen, Amokläufe

Wenn wir von „Tod aus der Ferne" sprechen, meinen wir Ereignisse, die weit weg von uns passieren, aber dennoch große Auswirkungen auf uns haben. Wir erfahren diese Ereignisse, wie Naturkatastrophen, Amokläufe, Kriege, etc. von den Nachrichten, vom Radio oder von einem Podcast.

Ein Beispiel dafür ist der Angriff auf das World Trade Center in New York im Jahr 2001. An diesem Tag flogen Flugzeuge in die Türme des World Trade Centers und viele Menschen verloren ihr Leben.

Auch wenn wir nicht physisch dort waren, haben wir von diesem Ereignis gehört oder es möglicherweise im Fernsehen gesehen. Es ist eine Art von Erfahrung, die uns trotz räumlicher Distanz emotional stark beeinflussen kann.

Solche Ereignisse können eine Vielzahl von Reaktionen auslösen, von Trauer und Bestürzung bis hin zu Angst und Unsicherheit. Es ist wichtig zu akzeptieren, dass diese Gefühle normal sind und dass es keine falsche Reaktion darauf gibt.

In solchen Zeiten kann es hilfreich sein, sich an die vielen Menschen, die in solchen Situationen Hilfe leisten, zu erinnern, sei es durch Rettungsaktionen oder unterstützende Gesten. Es kann auch wichtig sein, Raum für Selbstfürsorge zu schaffen und sich Zeit zu nehmen, um mit den eigenen Gefühlen umzugehen.

Für die Familien der Opfer stehen in solchen Situationen Helfer und Notfallseelsorger bereit. Diese speziell geschulten Fachleute sind darauf spezialisiert, den Angehörigen in ihrem Trauma beizustehen und sie aufzufangen. Sie bieten emotionale Unterstützung, hören zu und helfen den Familienmitgliedern dabei, mit ihrem Verlust und den damit verbundenen Gefühlen umzugehen.

Die Rolle der Notfallseelsorger ist es, einen sicheren Raum für die Trauernden zu schaffen, in dem sie ihre Gedanken und Gefühle teilen können. Sie bieten Trost und Unterstützung in einer Zeit, die oft von Schock und Verwirrung geprägt ist. Durch ihre Anwesenheit und ihre einfühlsame Betreuung helfen sie den Familien, mit dem tragischen Verlust umzugehen.

5.7 Der Tod in Filmen, anderen Medien

In unserer Welt der Medien und des Internets werden Kinder mit vielen Inhalten konfrontiert, die auch den Tod darstellen. Sei es in Filmen oder TV-Sendungen. Es ist wichtig, mit ihnen darüber zu sprechen, dass der Tod in diesen Medien oft eine fiktive Darstellung ist, gespielt von Schauspielern, die am Ende der Geschichte wieder auferstehen und weiterleben.

Echter Tod ist etwas ganz anderes. Wenn Menschen sterben, gibt es kein Zurück. Das kann Angst und unangenehme Gefühle hervorrufen, besonders bei Kindern, die noch lernen, mit solchen Themen umzugehen. Deshalb ist es wichtig, zwischen echtem Tod und dem, was wir in den Medien sehen, zu unterscheiden.

Manchmal können zu viele Bilder und Geschichten über den Tod uns auch abstumpfen lassen. Wir werden gleichgültig gegenüber dem, was wir sehen, und vergessen, dass es sich um ernste Dinge handelt, die echte Gefühle auslösen können.

Kinder, die solche Inhalte sehen, können sich ängstlich oder verwirrt fühlen. Es ist okay, solche Gefühle zu haben. Aber es ist wichtig zu wissen, dass das, was sie sehen, nicht die Realität ist. Es sind nur Geschichten, die von Menschen erfunden wurden.

Wir müssen unsere Kinder unterstützen, sich von solchen Inhalten abzugrenzen und zu verstehen, dass es okay ist, sich unwohl zu fühlen. Nimm dir Zeit, mit deinem Kind darüber zu sprechen und erkläre ihm, dass echter Tod etwas ist, da gibt es kein Zurück – gestorben ist gestorben! - das müssen wir alle respektieren und es ist unausweichlich! In der Realität steht der Verstorbene nicht mehr auf!

Und denke daran, dass du Verantwortung hast, was dein Kind sieht und hört. Sei achtsam und begleite dein Kind auf seinem Weg, die Welt der Medien zu verstehen.

5.8 Gamingspiele

Es ist wichtig zu verstehen, wie Kinder den Tod in Gamingspielen erleben und wie sie damit umgehen. Wenn Kinder Videospiele spielen, können sie in Situationen geraten, in denen Charaktere sterben oder verletzt werden.

In Gamingspielen sind die Charaktere, die sterben, keine realen Personen, sondern digitale Figuren. Wenn ein Charakter im Spiel stirbt, können die Kinder das Spiel einfach neu starten und von vorne beginnen.

Als Erwachsener kannst du dem Kind helfen, den Unterschied zwischen der virtuellen Welt des Spiels und der realen Welt zu verstehen. Du kannst mit dem Kind darüber sprechen, dass das, was es in Gamingspielen erlebt, Spaß und Unterhaltung ist, aber dass es auch verstehen muss, dass echter Tod eine ernste Angelegenheit ist, und der Verstorbene nicht mehr zurückkommt! Du kannst sein Leben nicht neu starten wie ein Gamingspiel.
Indem du diese Unterscheidung klar machst und mit dem Kind darüber kommunizierst, kannst du ihm helfen, ein gesundes Verständnis für den Tod zu entwickeln, sowohl in Gamingspielen als auch im echten Leben.

6. Die Reise zum Land der Trauer für Kinder

6.1 Traurigsein

Traurigkeit ist ein normales Gefühl, das jeder von uns manchmal hat. Es ist wichtig zu wissen, dass es in Ordnung ist, traurig zu sein, und dass wir darüber sprechen können. Wenn du traurig bist, kannst du mit jemandem darüber reden, dem du vertraust, wie z.B. deinen Eltern, deinen Geschwistern oder deinen Freunden. Sie können dir helfen, dich besser zu fühlen und dich trösten. Manchmal kann es auch helfen, etwas zu tun, das dir Freude macht, wie zum Beispiel ein Spiel spielen oder ein Buch lesen. Es ist wichtig, dass du weißt, dass deine Gefühle wichtig sind und dass es Menschen gibt, die sich um dich kümmern und dir helfen möchten, wenn du dich traurig fühlst.

Woran erkennt man, dass jemand traurig ist?
Wenn jemand traurig ist, können wir das oft an verschiedenen Zeichen erkennen:

1. **Das Gesicht:** Die Mundwinkel sind nach unten gezogen und die Augen können traurig aussehen. Manchmal sieht man auch Tränen.

2. **Die Stimme:** Die Stimme kann leise oder traurig klingen, als ob die Person weinen möchte.

3. **Das Verhalten:** Die Person kann sich zurückziehen, weniger lachen und weniger spielen wollen. Sie könnte auch weniger essen oder öfter schlafen wollen.

Was ist Trauer?
Trauer ist ein Gefühl, das wir haben, wenn wir etwas verlieren oder uns schlecht fühlen. Zum Beispiel, wenn ein Haustier stirbt oder wenn wir uns von einem Freund trennen müssen. Trauer kann sich wie ein schweres Gefühl in unserem Herzen anfühlen und uns traurig machen.

Wann kommt das Gefühl, das man Trauer nennt?
Das Gefühl der Trauer kann in verschiedenen Situationen auftreten, wie z.B.:

- Wenn wir jemanden oder etwas verlieren,
  das wir lieben, wie ein Haustier oder ein Spielzeug.

- Wenn wir uns alleine oder einsam fühlen,
  weil unsere Freunde nicht da sind oder weil wir uns nicht gut fühlen.

- Wenn etwas Schlimmes passiert,
  wie ein Unfall oder wenn jemand uns traurig macht.

Beispiele für traurige Situationen:

Wenn ein Haustier stirbt: Du kannst traurig sein, wenn dein Hund oder deine Katze stirbt. Du vermisst sie und fühlst dich einsam, weil du sie nicht mehr bei dir hast.

Wenn du dich alleine fühlst: Manchmal fühlst du dich traurig, wenn deine Freunde nicht da sind oder wenn du niemanden zum Spielen hast. Du wünschst dir, dass jemand da ist, der mit dir Zeit verbringt und sich um dich kümmert.

Wenn du dich verletzt fühlst: Wenn jemand etwas Gemeines zu dir sagt oder wenn dich jemand ärgert, kannst du dich traurig fühlen. Es ist nicht schön, wenn sich jemand nicht nett zu dir verhält, und das kann dich traurig machen.

Wenn du etwas verlierst: Wenn du etwas verlierst, das dir wichtig ist, wie zum Beispiel dein Lieblingsspielzeug oder ein Bild, das du gemalt hast, kannst du dich traurig fühlen. Du vermisst es und fühlst dich schlecht, weil du es nicht mehr hast.

> Es ist wichtig zu wissen, dass es normal ist, manchmal traurig zu sein, und dass es in Ordnung ist, über unsere Gefühle zu sprechen und nach Hilfe zu suchen, wenn wir uns schlecht fühlen.

6.2 So kannst du dich fühlen, wenn du trauerst

Traurigkeit: Manchmal fühlen wir uns sehr, sehr traurig, wenn jemand, den wir lieben, nicht mehr bei uns ist. Es ist okay, traurig zu sein und zu weinen. Das zeigt, wie sehr wir die Person vermissen.

Verwirrung: Manchmal fühlen wir uns so, als ob wir in einem großen Labyrinth sind und den Weg nicht finden können. Das nennt man Verwirrung.
Es ist normal, verwirrt zu sein, wenn wir traurig sind, weil so viele Gedanken in unserem Kopf herumschwirren.

Wut: Manchmal fühlen wir uns wie eine dampfende Kanne, die gleich überkocht. Das nennt man Wut. Es ist okay, wütend zu sein, aber wir müssen darauf achten, dass wir unsere Wut nicht an anderen auslassen.

Alleinsein: Manchmal fühlen wir uns so, als ob wir auf einer einsamen Insel gestrandet wären. Das nennt man Alleinsein.
Aber auch wenn wir uns einsam fühlen, gibt es Menschen um uns herum, die uns lieben und sich um uns kümmern.

Erinnerungen: Manchmal erscheinen uns unsere Erinnerungen wie kleine Filme, die wir immer und immer wieder anschauen. Es ist normal, sich an die schönen Momente zu erinnern, die wir mit der Person geteilt haben.

Veränderungen: Manchmal fühlt es sich an, als ob unser Leben wie ein Puzzle ist und jemand ein Stück herausgenommen hat. Das nennt man Veränderungen. Aber wir können neue Wege finden, um mit diesen Veränderungen umzugehen und unser Puzzle weiterzubauen.

Körperliche Reaktionen: Manchmal fühlen wir uns müde oder haben Bauchschmerzen, wenn wir traurig sind. Das liegt daran, dass unsere Gefühle auch unseren Körper beeinflussen können. Deshalb ist es wichtig, gut auf uns selbst aufzupassen.

Schuldgefühle: Manchmal denken wir, dass wir etwas falsch gemacht haben oder dass wir schuld sind, wenn jemand geht oder gestorben ist. Aber das ist nicht wahr. Es ist wichtig zu verstehen, dass der Verlust nicht unsere Schuld ist.

Gefühl der Leere: Manchmal fühlen wir uns so, als ob ein Teil von uns fehlt. Aber wir können versuchen, dieses Gefühl zu füllen, indem wir uns an die guten Zeiten erinnern und neue Dinge entdecken, die uns glücklich machen.

Unterschiedliche Trauerwege: Jeder Mensch ist einzigartig und trauert auf seine eigene Weise. Es ist in Ordnung, traurig zu sein und es gibt keine richtige oder falsche Art zu trauern. Jeder darf seine Gefühle ausdrücken, wie er möchte.

Zeit heilt nicht alles, aber es hilft: Es kann eine Weile dauern, bis es uns besser geht, wenn wir traurig sind. Im Laufe der Zeit wird es leichter werden, damit umzugehen.

Ermutigung zur Selbstfürsorge: Es ist wichtig, gut auf uns selbst aufzupassen, wenn wir traurig sind. Das bedeutet, uns Zeit zu nehmen, um uns zu entspannen, Dinge zu tun, die uns glücklich machen, und mit Menschen zu sprechen, die uns lieben.

6.2.1 Spiel: „Emotions-Memo"

Emotionen und Trauer spielerisch erkennen

Materialien:
- Zettel
- Stifte
- Schachtel oder ein Hut zum Mischen der Zettel
- Timer (optional)

Spielanleitung:

1. **Vorbereitung:**
   - Schneide oder reiße Zettel in kleine Stücke und schreibe auf jeden Zettel eine
     Emotion, z.B. „traurig", „fröhlich", „ängstlich", „überrascht", „wütend", usw.

2. **Spielbeginn:**
   - Setze dich mit den Spielern in einen Kreis
     und lege die Zettel in die Schachtel oder den Hut.
   - Jeder Spieler zieht abwechselnd einen Zettel aus der Schachtel,
     ohne ihn anzusehen und liest die darauf stehende Emotion leise für sich.

3. **Pantomime:**
   - Der Spieler, der an der Reihe ist, hat nun eine bestimmte Zeit
     (z.B. eine Minute), um die ausgewählte Emotion pantomimisch darzustellen,
     ohne Worte zu verwenden.

4. **Raten:**
   - Die anderen Spieler versuchen zu erraten, welches Gefühlt dargestellt wird,
     indem sie aufmerksam auf die Mimik, Gestik und Körpersprache des Spielers
     achten.
   - Wenn jemand die dargestellte Emotion richtig errät, erhält er einen Punkt.
     Wer die meisten Punkte erspielt hat, ist der Gewinner.

5. Weiterführende Diskussion:

- Nachdem alle Spieler einmal an der Reihe waren, könnt ihr über die verschiedenen Emotionen sprechen – wie man sie erkennt und wie man damit umgeht. Ihr könnt auch darüber reden, wie man anderen hilft, wenn sie diese Emotionen erleben – und wie wichtig es ist, über Gefühle zu sprechen.

Dieses Spiel ist nicht nur unterhaltsam, sondern auch lehrreich und fördert das Verständnis für Emotionen, insbesondere für Traurigkeit, sowie Empathie und zwischenmenschliche Kommunikation.

6.2.1.1 Einige Gefühle, die jeder kennt

Traurig: Das ist das Gefühl, wenn du dich niedergeschlagen oder unglücklich fühlst – zum Beispiel wenn dein Lieblingsspielzeug kaputt geht oder wenn du dich einsam fühlst.
Es ist in Ordnung, traurig zu sein, und es ist wichtig, mit jemandem darüber zu sprechen, der dir hilft, dich besser zu fühlen.

Fröhlich: Das ist das Gefühl, wenn du glücklich und voller Energie bist, zum Beispiel wenn du mit deinen Freunden spielst oder wenn du ein tolles Geschenk bekommst. Du fühlst dich richtig gut, kannst vor Freude lachen und albern sein.

Ängstlich: Das ist das Gefühl, wenn du dich unsicher oder nervös fühlst – zum Beispiel wenn du vor einer Klassenarbeit stehst oder wenn du alleine im Dunkeln bist.
Es ist wichtig zu wissen, dass es normal ist, manchmal Angst zu haben, und dass es immer jemanden gibt, der dir hilft, damit umzugehen.

Wütend: Das ist das Gefühl, wenn du dich aufgeregt oder sauer fühlst – zum Beispiel wenn jemand deine Spielsachen kaputt macht oder wenn du dich unfair behandelt fühlst. Es ist wichtig, deine Wut auf eine positive Weise auszudrücken, zum Beispiel indem du tief durchatmest oder darüber sprichst, was dich wütend gemacht hat.

Überrascht: Das ist das Gefühl, wenn du plötzlich etwas Unerwartetes erlebst – zum Beispiel wenn dir jemand eine Überraschungsparty gibt oder wenn du ein Geschenk bekommst, das du dir gewünscht hast. Du fühlst dich erstaunt und aufgeregt darüber, was passiert ist.

Eifersüchtig: Wenn du das Gefühl hast, dass jemand etwas hat, das du gerne hättest – zum Beispiel wenn dein Freund ein neues Spielzeug bekommt und du nicht. Es ist wichtig zu verstehen, dass es normal ist, manchmal eifersüchtig zu sein, aber dass es nicht richtig ist, anderen deshalb böse zu sein.

Verlegen: Das ist das Gefühl, wenn du dich unsicher oder peinlich berührt fühlst – zum Beispiel wenn du vor der Klasse einen Fehler machst oder wenn du dich in einer neuen Umgebung unwohl fühlst. Es ist wichtig zu wissen, dass es jedem manchmal so geht und dass es in Ordnung ist, sich zu fühlen, wie du dich fühlst.

Verwirrt: Das ist das Gefühl, wenn du nicht genau weißt, was du tun sollst oder was passiert – zum Beispiel wenn du eine schwierige Aufgabe lösen musst oder wenn dir jemand etwas erklärt, das du nicht verstehst.

Stolz: Das ist das Gefühl, wenn du dich auf etwas freust, das du erreicht hast – zum Beispiel wenn du eine gute Note in der Schule bekommst oder wenn du ein Ziel erreichst, das du dir gesetzt hast. Du fühlst dich richtig gut und stolz auf dich selbst.

Enttäuscht: Das ist das Gefühl, wenn du dich traurig oder unglücklich fühlst, weil etwas nicht so passiert ist, wie du es dir gewünscht hast – zum Beispiel wenn du bei einem Spiel verlierst oder wenn dir jemand eine falsche Hoffnung macht. Es ist wichtig zu verstehen, dass es normal ist, manchmal enttäuscht zu sein, und dass es in Ordnung ist, darüber zu sprechen, wie du dich fühlst.

Ermuntert: Das ist das Gefühl, wenn du dich ermutigt oder motiviert fühlst, etwas zu tun – zum Beispiel wenn dir jemand sagt, dass du etwas gut gemacht hast oder wenn du eine schwierige Herausforderung erfolgreich bewältigst. Du fühlst dich richtig stark und zuversichtlich.

Gelangweilt: Das ist das Gefühl, wenn du dich langweilst oder nichts zu tun hast – zum Beispiel an einem regnerischen Tag, wenn du nicht nach draußen gehen kannst, oder wenn du auf etwas wartest und die Zeit langsam vergeht. Es ist wichtig, kreativ zu sein und neue Dinge auszuprobieren, um die Langeweile zu vertreiben.

Fasziniert: Das ist das Gefühl, wenn du dich von etwas besonders angezogen fühlst und mehr darüber erfahren möchtest – zum Beispiel wenn du einen interessanten Film ansiehst oder wenn du ein spannendes Buch liest. Du fühlst dich richtig neugierig und möchtest alles darüber wissen.

Besorgt: Das ist das Gefühl, wenn du dich unsicher oder nervös fühlst, weil du dir Sorgen machst, dass etwas Schlimmes passieren könnte – zum Beispiel wenn du alleine nach Hause gehst oder wenn du eine wichtige Prüfung schreibst. Es ist wichtig zu wissen, dass es normal ist, manchmal besorgt zu sein. Und dass es immer jemanden gibt, der dir hilft, damit umzugehen.

Zufrieden: Das ist das Gefühl, wenn du dich richtig glücklich und zufrieden fühlst – zum Beispiel wenn du eine schöne Zeit mit deinen Freunden hast. Du fühlst dich richtig gut und möchtest diesen Moment für immer festhalten.

Erfreut: Das ist das Gefühl, wenn etwas wirklich Spaß macht oder dich zum Lachen bringt, wie wenn du mit deinen Freunden spielst oder dein Lieblingsessen bekommst. Du fühlst dich wirklich glücklich und freust dich über diese besonderen Momente.

Beschämt: Das ist das Gefühl, wenn du etwas gemacht hast, das dir unangenehm ist oder über das du dich schämst, wie wenn du aus Versehen etwas kaputt machst oder etwas Peinliches passiert. Du fühlst dich unwohl und möchtest vielleicht, dass niemand davon erfährt.

Erfüllt: Das ist das Gefühl, wenn du etwas gemacht hast, das dir wichtig war und das dir ein gutes Gefühl gibt, wie wenn du ein Kunstwerk fertiggestellt hast oder jemandem geholfen hast. Du fühlst dich richtig stolz und zufrieden, weil du etwas erreicht hast.

Vertrauensvoll: Das ist das Gefühl, wenn du weißt, dass du dich auf jemanden verlassen kannst und dass diese Person immer für dich da sein wird, wie deine Eltern oder deine besten Freunde. Du fühlst dich sicher und glücklich, weil du weißt, dass du nicht alleine bist.

Hoffnungsvoll: Das ist wie das Gefühl, wenn du darauf wartest, dass etwas Schönes passiert, wie zum Beispiel Geburtstagsgeschenke auspacken oder auf eine spannende Reise gehen. Du denkst daran, dass etwas Gutes passieren könnte und das macht dich glücklich und aufgeregt.

6.2.1.2 Gefühle in der Trauer verändern sich

Traurig mit Trauer: Das ist das Gefühl, wenn man sehr traurig ist, weil man jemanden oder etwas verloren hat, das einem wichtig war.
Beispiel: Wenn das Haustier gestorben ist und man es vermisst. Es fühlt sich an, als ob das Herz ganz schwer ist und man vielleicht auch weinen muss.

Fröhlich mit Trauer: Das ist das Gefühl, wenn man sich trotz der Traurigkeit auch über kleine Dinge freuen kann.
Beispiel: Wenn man sich an die lustigen Momente erinnert, die man mit dem Verstorbenen geteilt hat, und darüber lächeln kann.

Ängstlich mit Trauer: Das ist das Gefühl, wenn man sich neben der Traurigkeit auch unsicher oder ängstlich fühlt, weil sich alles so anders anfühlt.
Beispiel: Wenn man sich Sorgen macht, wie das Leben ohne den Verstorbenen weitergehen wird.

Wütend mit Trauer: Das ist das Gefühl, wenn man sich zusätzlich zur Traurigkeit auch wütend fühlt, weil man vielleicht das Gefühl hat, dass die Person unnötig gestorben ist.
Beispiel: Wenn man sich fragt, warum der Verlust passieren musste, und darüber ärgerlich ist oder man könnte wütend sein, dass der Verstorbene einen „allein" gelassen hat.

Überrascht mit Trauer: Das ist das Gefühl, wenn man neben der Traurigkeit auch überrascht ist über die vielen Gefühle, die auf einmal da sind.
Beispiel: Wenn man plötzlich merkt, dass man trotz der Traurigkeit auch Momente erlebt, in denen man sich anders fühlt.

Eifersüchtig mit Trauer: Das ist das Gefühl, wenn man neben der Traurigkeit auch eifersüchtig ist, weil man vielleicht das Gefühl hat, dass andere Menschen nicht so stark betroffen sind.
Beispiel: Wenn man sich fragt, warum andere Kinder nicht so traurig zu sein scheinen wie man selbst.

Verlegen mit Trauer: Das ist das Gefühl, wenn man sich neben der Traurigkeit auch unwohl fühlt, weil man nicht weiß, wie man mit den eigenen Gefühlen umgehen soll. **Beispiel:** Wenn man sich schämt, vor anderen zu weinen, weil man den Verlust verarbeitet.

Verwirrt mit Trauer: Das ist das Gefühl, wenn man sich neben der Traurigkeit auch verwirrt fühlt, weil man nicht versteht, warum der Verlust passiert ist. **Beispiel:** Wenn man sich fragt, warum man sich so fühlt, wie man sich fühlt, und was das alles bedeutet.

Stolz mit Trauer: Das ist das Gefühl, wenn man sich trotz der Traurigkeit auch stolz fühlt, weil man vielleicht stark ist und gut mit seinen Gefühlen umgehen kann. **Beispiel:** Wenn man merkt, dass man trotz des Verlustes weiterhin Freude und Liebe empfinden kann.

Enttäuscht mit Trauer: Das ist das Gefühl, wenn man sich neben der Traurigkeit auch enttäuscht fühlt, weil man vielleicht das Gefühl hat, dass das Leben ungerecht ist. **Beispiel:** Wenn man sich fragt, warum der Verlust ausgerechnet einem passieren musste.

Ermutigt mit Trauer: Das ist das Gefühl, wenn man sich trotz der Traurigkeit auch ermutigt fühlt, weil man vielleicht Unterstützung und Trost von anderen erhält. **Beispiel:** Wenn man merkt, dass man nicht alleine ist und dass es Menschen gibt, die einem helfen möchten.

Gelangweilt mit Trauer: Das ist das Gefühl, wenn man sich neben der Traurigkeit auch gelangweilt fühlt, weil einem nicht nach Spielen oder Lachen zumute ist. **Beispiel:** Wenn man sich in den ersten Tagen nach dem Verlust einfach nur zurückziehen möchte und keine Lust auf Unternehmungen hat.

Fasziniert mit Trauer: Das ist das Gefühl, wenn man sich neben der Traurigkeit auch fasziniert fühlt, weil man vielleicht über die vielen verschiedenen Arten nachdenkt, wie Menschen mit Verlust umgehen. **Beispiel:** Wenn man darüber nachdenkt, wie man selbst mit Trauer umgeht und wie andere Kinder es machen.

Besorgt mit Trauer: Das ist das Gefühl, wenn man sich neben der Traurigkeit auch besorgt fühlt, weil man vielleicht Angst hat, dass noch mehr Schlimmes passieren könnte.
Beispiel: Wenn man sich Sorgen macht, dass man noch mehr geliebte Menschen verlieren könnte.

Zufrieden mit Trauer: Das ist das Gefühl, wenn man sich trotz der Traurigkeit auch zufrieden fühlt, weil man vielleicht dankbar ist für die Zeit, die man mit dem Verstorbenen hatte.
Beispiel: Wenn man sich freut, dass man schöne Erinnerungen hat, die einen trösten können.

Erfreut mit Trauer: Das ist das Gefühl, wenn man sich trotz der Traurigkeit auch erfreut ist, weil man vielleicht in kleinen Momenten Trost und Freude findet.
Beispiel: Wenn man sich darüber freut, dass man noch Fotos oder Briefe hat, die einem helfen, sich an den Verstorbenen zu erinnern.

Beschämt mit Trauer: Das ist das Gefühl, wenn man sich neben der Traurigkeit auch beschämt fühlt, weil man vielleicht denkt, dass man zu viel weint oder dass man nicht stark genug ist.
Beispiel: Wenn man sich schämt, vor anderen zu zeigen, wie traurig man wirklich ist.

Erfüllt mit Trauer: Das ist das Gefühl, wenn man sich trotz der Traurigkeit auch erfüllt fühlt, weil man vielleicht spürt, dass man geliebt wurde und dass man selbst Liebe geben konnte.
Beispiel: Wenn man merkt, dass man eine wichtige Rolle im Leben des Verstorbenen gespielt hat und dass er für immer in deinem Herzen bleibt.

Vertrauensvoll mit Trauer: Das ist das Gefühl, wenn man sich trotz der Traurigkeit auch vertrauensvoll fühlt, weil man vielleicht darauf vertraut, dass man die Trauer gemeinsam mit anderen überwinden kann.
Beispiel: Wenn man sich darauf verlässt, dass die Familie und Freunde einem helfen, den Verlust zu verkraften.

Hoffnungsvoll mit Trauer: Das ist das Gefühl, wenn man trotz der Traurigkeit auch darauf hofft, dass sich etwas Positives ereignen wird.

Beispiel: Wenn man sich vorstellt, wie das Leben irgendwann wieder schöner werden kann, auch wenn es im Moment sehr traurig ist. Es ist wie ein kleines Licht in der Dunkelheit, das einem zeigt, dass es auch nach schweren Zeiten wieder gute Momente geben wird. Vielleicht denkt man daran, dass man mit der Zeit die Trauer überwinden und wieder glücklich sein kann.

Hoffnung gibt einem Mut und hilft dabei, durch schwierige Zeiten zu gehen. Es ist wichtig zu wissen, dass es okay ist, traurig zu sein, aber auch zu hoffen, dass es wieder besser wird. Und manchmal kann die Hoffnung einem dabei helfen, die Traurigkeit ein wenig zu erleichtern und nach vorne zu schauen.

6.3 Wenn Eltern sterben

Wenn ein Elternteil stirbt, kann das für dich sehr traurig sein. Es bedeutet, dass die Person nicht mehr bei dir sein kann. Aber es bedeutet auch, dass es wichtige Dinge gibt, über die du Bescheid wissen solltest.

Wenn ein Elternteil gestorben ist, wird das andere Elternteil für dich da sein und sich um dich kümmern. Manchmal kann es sein, dass ein anderer Verwandter oder einen andere Person dir auch hilft, wenn deine Eltern das vorher besprochen haben.

Wenn beide Eltern gestorben sind, kann das wirklich schwer sein. Aber keine Sorge, es gibt Menschen, die sich um dich kümmern werden. Es könnte sein, dass du zu einem anderen Verwandten oder sogar zu einer anderen Familie ziehst. Das ist okay, weil sie sich um dich kümmern werden, genau wie deine Eltern es gewollt hätten.

Damit das passiert, was deine Eltern möchten, können sie Vorsorge treffen, wenn sie noch am Leben sind. Das bedeutet, dass sie Papiere ausfüllen können, um sicherzustellen,dass du in guten Händen bist, wenn etwas passiert. Sie können auch jemanden bestimmen, der sich um dich kümmert, wenn sie nicht mehr da sind. Das nennt man eine Vollmacht.

Manche Eltern sind nicht verheiratet. Das ist in Ordnung, aber es ist wichtig, dass sie einige Dinge festlegen, um sicherzustellen, dass du geschützt bist, wenn etwas passiert. Zum Beispiel können sie offiziell erklären, wer dein Vater ist und wer das Sorgerecht für dich hat. Das wird helfen, Missverständnisse zu vermeiden und sicherzustellen, dass du immer gut versorgt bist.

Wenn keine Vorsorge der Eltern getroffen wurde und beide Elternteile versterben:

Manchmal passieren Dinge im Leben, die uns sehr traurig machen können. Wenn beide Eltern nicht mehr da sind und sie nichts geplant haben, kann das für dich als Kind wirklich beängstigend sein. In solchen Momenten müssen andere Menschen, wie Richter oder Behörden, darüber nachdenken, wer sich um dich kümmern wird und wo du leben wirst.

Das kann sehr verunsichernd sein, weil du vielleicht nicht genau weißt, was passieren wird oder wer sich um dich kümmern wird. Du könntest dich fragen, ob du dich an einem neuen Ort genauso sicher und geliebt fühlen wirst wie zu Hause.

Aber auch wenn das alles sehr schwer ist, ist es wichtig zu wissen, dass es Menschen gibt, die sich um dich kümmern werden. Diese Menschen werden ihr Bestes tun, um für dich ein Zuhause zu finden. Sie werden dafür sorgen, dass du sicher bist und dass du Unterstützung bekommst.

Es ist okay, wenn du Angst hast oder traurig bist. Es ist auch okay, darüber zu reden, wie du dich fühlst. Du bist nicht allein, und es wird Menschen geben, die sich um dich kümmern und dafür sorgen, dass du gut aufgehoben bist, egal was passiert.

Die Menschen, die sich um dich kümmern werden, verstehen, dass du Angst hast. Sie werden sich Zeit nehmen, dir alles genau zu erklären und dir zuhören. Sie werden ihr Bestes tun, dir die Angst zu nehmen und dir zu zeigen, dass du nicht alleine bist. Ihr Ziel ist es, dass du dich sicher fühlst, auch wenn die Umstände schwer sind.

6.4 Tod aus der Ferne – Kriege, Naturkatastrophen, Amokläufe

Manchmal passieren schlimme Dinge, die zwar weit weg von uns sind, uns aber trotzdem betreffen können. Ein Beispiel dafür ist der Angriff auf das World Trade Center. Das war ein großer Turm in New York. Dort sind Flugzeuge hineingeflogen und dadurch viele Menschen gestorben. Auch wenn wir nicht dort waren, haben wir davon gehört oder es vielleicht im Fernsehen gesehen. Das ist eine „Katastrophe aus der Ferne".

Wenn so etwas passiert, fühlen sich viele Menschen traurig oder ängstlich, auch wenn sie weit weg sind. Es ist okay, sich so zu fühlen. Aber wir können auch darüber nachdenken, wie Menschen anderen helfen und füreinander da sind. Und wenn wir uns wirklich schlecht fühlen, können wir mit jemandem darüber reden, dem wir vertrauen.

Es gibt besondere Helfer die geschult wurden, dies sind die Notfallseelsorger. Diese kümmern sich um die Angehörigen, die Familienmitglieder oder Freunde verloren haben. Stell sie dir vor wie Superhelden, die Trost und Unterstützung bringen. Sie hören den Familien zu, wenn sie traurig sind und versuchen, sie in der schweren Zeit aufzufangen.

Diese Notfallseelsorger haben eine spezielle Ausbildung, um den Familien zu helfen, wenn etwas Schlimmes passiert ist. Sie sind wie gute Freunde, die da sind, wenn man sie braucht. Sie helfen den Familien, mit ihren Gefühlen umzugehen.

Wenn also etwas Schlimmes passiert, gibt es diese besonderen Helfer, die da sind, um zu helfen und zu trösten. Das ist sehr wichtig, damit die Familien nicht alleine sind.

6.5 Der Tod in Filmen, anderen Medien

In vielen Fernsehsendungen und Filmen sehen wir, wie Menschen sterben. Das können Unfälle sein, oder es passiert im Zusammenhang mit einer Geschichte.

Manchmal sehen wir im Fernsehen oder in Gamingspielen Dinge, die uns Angst machen oder uns traurig fühlen lassen. Das ist normal. Aber weißt du, dass das, was du siehst, oft nicht echt ist?

Die Menschen, die sterben, sind Schauspieler. Nachdem die Szene vorbei ist, stehen sie wieder auf und leben ganz normal weiter. Das nennt man Schauspielerei.

Echter Tod ist etwas ganz anderes. Wenn jemand in Wirklichkeit stirbt, gibt es kein Zurück. Das kann traurig und beängstigend sein. Aber es ist wichtig zu wissen, dass das, was du im Fernsehen oder in Filmen siehst, wenn Menschen sterben nicht echt ist. Es sind nur Geschichten, die erfunden wurden, um uns zu unterhalten. Es sind Schauspieler, die ihre Arbeit machen und eine spannende Geschichte im Film erzählen.

Wenn du dich unwohl fühlst, wenn du solche Dinge siehst, ist das okay. Sprich mit einem Erwachsenen darüber, der dir helfen kann zu verstehen, was du fühlst. Und denk daran, dass du immer die Wahl hast, was du dir ansiehst. Es ist wichtig, dass du auf dich selbst aufpasst und dir nur Dinge ansiehst, die dich glücklich machen und deinem Alter entsprechen.

6.6 Gamingspiele

In Gamingspielen können wir manchmal Situationen erleben, in denen Charaktere sterben oder verletzt werden. Das ist Teil des Spiels und dient dazu, die Geschichte spannender zu machen. In Gamingspielen sind alle Charaktere nur Figuren, die von dem Spiel gesteuert werden. Es sind keine Menschen wie in der wirklichen Welt.

Wenn ein Charakter im Spiel stirbt, passiert nichts Schlimmes. Du kannst einfach das Spiel neu starten und von vorne beginnen.

Der echte Tod ist etwas ganz anderes. Wenn Menschen in der realen Welt sterben, können sie nicht einfach zurückkommen. Sie sind tot. Deshalb ist es wichtig, zu verstehen, dass das, was wir in Gamingspielen sehen, nur Spaß ist. Es sind keine echten Menschen, die sterben.

Wenn du also Gamingspiele spielst und Charaktere sterben, mach dir keine Sorgen. Es ist nur Teil des Spiels, und du kannst immer wieder von vorne beginnen. Es ist wichtig, den Unterschied zwischen der virtuellen Welt des Spiels und der realen Welt zu verstehen.

7. Trauermosaik und Fallbeispiele

7.1 Den Trauerprozess verstehen

Der Trauerprozess ist ein tiefgreifender und wichtiger Teil unseres Lebens, der uns hilft, Verluste zu verarbeiten und wieder ins Gleichgewicht zu kommen.

Verluste können viele Formen haben: der Tod eines geliebten Menschen, das Ende einer Beziehung, ein verpasster Traum oder nicht gelebtes Leben. Wenn wir uns diesen Verlusten und den damit verbundenen Gefühlen nicht stellen, können sie zu Angst und innerem Schmerz führen.

Gefühle der Trauer

Trauer ist ein komplexer Gefühlsmix, der Gefühle wie z.B. der Illusionen, Liebe, ungelebtes Leben, Traurigkeit, Wut, Schmerz, Gleichgültigkeit umfassen kann. Diese Gefühle können überwältigend sein, aber sie sind ein natürlicher und notwendiger Teil des Heilungsprozesses. Unsere Trauer lebt durch unseren Körper und will erlebt und ausgedrückt werden.

Trauer braucht Ausdruck

Um weiterleben zu können, müssen wir die Trauer aktiv verarbeiten. Trauer zieht uns in die Tiefe unserer Emotionen und fordert uns auf, uns mit diesen Gefühlen auseinanderzusetzen. Dabei ist es wichtig, der Trauer eine Form zu geben, ähnlich wie wir uns um ein kleines Kind kümmern würden, das auf uns angewiesen ist. Kreativität kann hier ein wertvolles Ventil sein: malen, tanzen, schreiben, etc. Auch andere kreative Ausdrucksformen können helfen, die Trauer zu kanalisieren und zu verarbeiten. Es gibt nicht den einen Weg – jeder Mensch ist anders und geht seinen ganz individuellen, eigenen Trauerweg!

Gefahren der Verdrängung

Nicht gelebte und unterdrückte Trauer kann am meisten schmerzen. Wenn wir versuchen, unsere Gefühle zu verdrängen oder sie mit Medikamenten zu betäuben, verschieben wir den Heilungsprozess nur. Unverarbeitete Geschichten und Emotionen kommen immer wieder hoch, oft zu Zeiten, die wir nicht vorhersehen können. Hab keine Angst: der Körper und deine Seele lässt nur soviel Emotionen und Gefühle zu, wie sie in diesem Moment jeweils verkraften können.

Trauer als Stress für den Organismus

Trauer ist auch eine körperliche Erfahrung und bedeutet Stress für den ganzen Organismus. Unser Körper und Geist (Seele) arbeiten intensiv daran, den Verlust zu verarbeiten. Es ist daher wichtig, sich selbst die nötige Zeit und den Raum zu geben und zu lernen, auf den eigenen Körper zu hören.

Unverarbeitete Trauer

Wenn wir die Trauer um einen bestimmten Menschen oder ein Ereignis nicht verarbeitet haben, können diese Gefühle uns wieder einholen, wenn wir uns in einer ähnlichen Situation befinden – wie z.B. bei einer Trauerfeier für jemanden, der uns nicht so nahe steht. In solchen Momenten können die ungelebten Trauergefühle von früher plötzlich wieder präsent werden und uns überwältigen.

Der Trauerprozess ist ein individueller und manchmal langer Weg, aber er ist notwendig, um wieder ein erfülltes Leben führen zu können. Es ist wichtig, sich liebevoll und geduldig um die eigene Trauer zu kümmern und sich selbst die Erlaubnis zu geben, alle Gefühle zu fühlen und zu verarbeiten.

7.2 Abschied am offenen Sarg

Jonas (10 Jahre) nimmt Abschied von Opa

Jonas hatte eine enge Bindung zu seinem Opa und war von seinen Eltern darauf vorbereitet worden, dass Opa sterben wird. Doch die Eltern hatten unbewusst ihre eigenen Ängste und Unsicherheiten über den Tod auf Jonas übertragen, indem sie ihm die Angst vor dem Anblick des Opas im Sarg vermittelten. Jonas fühlt sich unsicher und ängstlich, obwohl er sich sehr danach sehnt, Abschied von seinem geliebten Opa zu nehmen.

Um Jonas Ängste zu entzaubern, entscheiden sich die Eltern dazu, offen und ehrlich mit ihm über den Tod zu sprechen. Sie erklären ihm, dass der Körper seines Opas nun im Sarg liegt und dass Veränderungen sichtbar sein könnten, da der Tod einen natürlichen Prozess der Verwesung mit sich bringt. Sie betonen jedoch, dass Opa selbst nicht mehr da ist – die Seele, die Opa ausmachte, den Körper verlassen hat und nur die äußere Hülle zurückgeblieben ist.

Die Eltern entscheiden sich, behutsam mit Jonas umzugehen und seine Ängste zu respektieren. Anstatt ihn direkt zum Sarg zu führen, bleiben sie zuerst an der Tür stehen und sprechen mit ihm über seine Gefühle. Die Eltern ermutigen Jonas, seine Ängste zu äußern und erklären ihm, dass er selbst entscheiden darf, ob er Abschied nehmen möchte.

Als Jonas schließlich soweit ist, nähern sie sich gemeinsam dem Sarg, während die Eltern Jonas unterstützen und ihm Sicherheit geben. Sie erklären ihm die natürlichen Veränderungen, die nach dem Tod eintreten, wie die Veränderung der Hautfarbe und die bläulichen Fingerspitzen durch den Beginn des Verwesungsprozesses. Dabei betonen sie jedoch immer wieder, dass dies nur der äußere Teil ist und Opa nicht mehr da ist.

Jonas, der die Möglichkeit hat, sich behutsam dem Sarg zu nähern, nimmt diese Gelegenheit wahr. Er betrachtet seinen Opa, nimmt sich Zeit, um Abschied zu nehmen, und kann dabei die Liebe und die Erinnerungen an die gemeinsame Zeit in den Vordergrund stellen. Durch diese einfühlsame Herangehensweise der Eltern kann Jonas seine eigene Wahrnehmung vom Tod entwickeln und den Abschied von seinem Opa auf eine respektvolle Weise gestalten.

Verständnis:

Jonas steht vor dem Sarg seines Opas und blickt auf das vertraute Gesicht, das ihm so viele schöne Erinnerungen schenkt. Diese Möglichkeit, seinen Opa im Tod zu sehen, wird bewusst ermöglicht, da die Familie davon überzeugt ist, dass Jonas auch im Abschiednehmen die gleiche Chance haben sollte wie zu Lebzeiten. Schließlich hat er seinen Opa zu Lebzeiten oft besucht. Warum sollte er ihn nicht ein letztes Mal tot sehen?

Die Eltern erklären Jonas behutsam, dass der Körper seines Opas nun kalt sei, da die Seele ihn verlassen hat, und dass der Tod eine endgültige Trennung bedeutet. Durch das Sehen und Fühlen des kühlen Körpers kann Jonas die Realität des Todes auf eine verständliche Weise begreifen und der Abschiedsprozess wird durch diese Erfahrung für ihn greifbar.

Die bewusste Entscheidung, Jonas diesen letzten Besuch zu ermöglichen, basiert auf der Idee, dass der Abschiedsprozess genauso wichtig ist wie die gemeinsamen Momente zu Lebzeiten. Warum soll er seinen Opa nicht ein letztes Mal besuchen dürfen? Diese Frage drückt die Überzeugung aus, dass Kinder die Gelegenheit haben sollten, den Tod als Teil des Lebens zu verstehen und nicht als etwas, das von ihnen ferngehalten wird.

Während sie gemeinsam vor dem Sarg stehen, erlauben die Erwachsenen Jonas, all seine Gefühle auszudrücken. Es wird gemeinsam geweint, und auch wenn die Erwachsenen keine klaren Antworten haben, ist ihre Ehrlichkeit Jonas gegenüber entscheidend. Diese offene Herangehensweise ermöglicht es Jonas, den Abschiedsprozess auf eine natürliche Weise zu durchleben (den Tod nicht als mysteriöses Geschehen zu betrachten, sonder als Teil des Lebenszyklus) und die Trauer gemeinsam mit den Erwachsenen zu teilen. Durch diese einfühlsame Begleitung wird nicht nur Jonas Abschied genährt, sondern auch seine Fähigkeit, mit Verlusten umzugehen und emotionale Herausforderungen zu bewältigen.

Anmerkung:

Es gibt selten Situationen, von einer Abschiednahme abzuraten, wenn z.B. bei einem Unfall der Körper entstellt ist. Dann gibt es eine andere Möglichkeit, sich zu verabschieden. Zum Beispiel könnten die Hände des Verstorbenen als Erkennungsmerkmal dienen, von denen man Abschied nehmen könnte. Dies kann vorher mit dem Bestatter besprochen werden.

Wenn ganz von der Abschiednahme abgeraten wurde, können gemeinsam alternative Wege gefunden werden, um Abschied zu nehmen, wie das Erinnern an gemeinsame Erlebnisse oder das Gestalten von Erinnerungsritualen.

7.3 Ole bemalt die Urne der verstorbenen Schwester

Ole (8 Jahre), der den schmerzhaften Verlust seiner 5-jährigen Schwester erlitten hat, bemalt die Schmuckurne*

Anstatt den traditionellen Weg zu gehen, entscheiden sich seine Eltern dafür, einen anderen Ansatz zu wählen: Sie fragen den Bestatter, ob Ole die Urne bemalen könnte.

Das mag für einige vielleicht ungewöhnlich erscheinen, aber für Ole ist es ein Weg, seine Emotionen auszudrücken und seine Erinnerungen auf eine kreative Weise kennenzulernen. Es geht darum, etwas ganz persönliches für seine verstorbene Schwester zum Abschied zu gestalten. Dies unterstützt Ole dabei, seine Gefühle zu verarbeiten und mit seiner Trauer umzugehen.

Gemeinsam mit seinen Eltern wählen sie die Urne aus – geeignet ist eine Urne aus unbehandeltem Holz – und schaffen so einen Raum, in dem Ole seine Gefühle frei ausdrücken kann. Mit Pinsel in der Hand und Farben vor sich beginnt Ole, seine Gedanken, Erinnerungen und Gefühle auf die Oberfläche der Urne zu malen. Vielleicht sind es fröhliche Bilder von gemeinsamen Abenteuern oder herzerwärmende Botschaften an den geliebten Menschen, der gegangen ist.

Während Ole malt, ist der Raum erfüllt von Gesprächen über den Verlust, Erinnerungen und die Liebe, die sie alle geteilt haben. Es ist ein heiliger Moment, in dem Ole die Möglichkeit hat, auf seine eigene Art Abschied zu nehmen. Die Eltern und der Bestatter stehen ihm mitfühlend zur Seite, unterstützen ihn und ermutigen ihn, seinen Gefühlen freien Lauf zu lassen.

Diese moderne Herangehensweise an die Trauerarbeit mag nicht für jeden geeignet sein, aber für Ole und seine Familie war es eine Möglichkeit, ihre Trauer auf eine kreative und einfühlsame Weise zu bewältigen. Es zeigt, dass es keine festen Regeln gibt, wie man trauert, sondern dass es darum geht, Raum zu schaffen, um Gefühle auszudrücken und Erinnerungen zu schaffen, die für jeden individuell sind.

Es ist wichtig, den Kindern zu vertrauen und ihnen Raum zu geben, sich auf ihre eigene Weise mit dem Leben und dem Verlust auseinanderzusetzen. Anstatt unsere eigenen Ängste auf sie zu übertragen, sollten wir sie ermutigen, ihre Gefühle auszudrücken und ihren eigenen Weg der Trauerbewältigung zu finden. Indem wir sie in den Prozess einbeziehen und ihre Erfahrungen respektieren, können wir ihnen helfen, Vertrauen in sich selbst und in ihre Fähigkeit zu entwickeln, mit schwierigen Situationen/ Emotionen umzugehen.

An der Trauerfeier sieht Ole die von ihm gestaltete Urne in der Trauerhalle. Er konnte seiner Schwester ein letztes Geschenk gestalten. Er hat einen für ihn bedeutsamen Beitrag geleistet. Dies vermittelt ihm ein Gefühl der Vertrautheit und Sicherheit während der Trauerfeier. Sein kreativer Ausdruck wird respektiert und geschätzt. In diesem Moment sind bereits erste Berührungsängste mit der Trauerfeier abgebaut.

* Eine „Schmuckurne" oder auch „Überurne" genannt, ist ein Behälter für Aschenkapseln, die die Krematoriumsasche enthalten. Sie wird oft als dekorativer äußerer Behälter verwendet, um die Aschenkapsel aufzubewahren.
Die Überurne kann aus verschiedenen Materialien wie z.B. Holz, Metall oder Keramik hergestellt sein und kann eine Vielzahl von Designs und Verzierungen aufweisen, je nach Geschmack der Angehörigen oder des Verstorbenen.
Diese Schmuckurne ist ein schöner Blickfang bei der Trauerfeier und wird in der Regel zusammen mit der Aschenkapsel beigesetzt.
In die Schmuckurne können kleine Urnenbeigaben gelegt werden, wie z.B. Foto, Brief, Schmuck des Verstorbenen.

7.4 Louis hat seinen Freund verloren und schweigt

Louis (11 Jahre) trauert um den Verlust des Freundes, der bei einem Autounfall verstorben ist. Er möchte nicht sprechen, ist manchmal aggressiv und hört täglich laut Musik.

Louis trauert auf eine Weise, die für ihn am besten funktioniert, auch wenn sie für Außenstehende vielleicht ungewöhnlich erscheint. Seine Reaktionen, wie laute Musik zu hören, aggressiv zu sein oder sich zurückzuziehen, sind seine Art, mit der Trauer um seinen Freund umzugehen.

Warum reagiert Louis so? Vielleicht fühlt er sich überwältigt von seinen Emotionen und weiß nicht, wie er sie ausdrücken soll. Vielleicht fühlt er sich auch unverstanden oder hat Angst vor der Intensität seiner eigenen Gefühle. In solchen Momenten ist es entscheidend, dem Kind Raum zu geben und es nicht zu zwingen, über seine Gefühle zu sprechen, obwohl es noch nicht bereit dazu ist.

Erwachsene sollten versuchen, sensibel auf die Bedürfnisse des trauernden Kindes einzugehen. Den individuellen Trauerweg zu akzeptieren, wie er für das betroffene Kind ist – möglichste ohne das be- oder verurteilen zu wollen. Kinder wie Louis benötigen ein Ventil für ihre Emotionen. Das Hören lauter Musik, körperliche Aktivitäten wie Boxen oder in ein Kissen schlagen vor Wut, Schreien im Wald oder im Auto bei lauter Musik tut ihnen gut. Sie brauchen das Gefühl, dass sie jederzeit auf Unterstützung zählen können, ohne dass ihnen Umarmungen und Gespräche aufgezwungen werden.

Es ist auch wichtig zu verstehen, dass die Gefühle eines Kindes genauso wichtig sind wie die eines Erwachsenen. Trauer kann sich zu verschiedenen Zeiten und in verschiedenen Situationen zeigen, sogar Jahre nach dem Verlust. Zum Beispiel kann bei einem nachfolgenden Sterbefall auch der vorherige Verlust eines Sterbefalles wieder aufkommen, und das Kind kann bei der Beerdigung oder Beisetzung erneut trauern.

In Louis' Fall ist es entscheidend, ihm mit Empathie und Verständnis zu begegnen, ihm die Zeit zu geben, die er braucht, um mit seiner Trauer umzugehen und ihm zu versichern, dass er nicht allein ist.

Der plötzliche Verlust seiner Oma bringt Louis' unterdrückte Trauer erneut zum Vorschein. Es ist, als ob eine Flut von Emotionen über ihn hereinbricht, und er kann nicht anders, als bitterlich zu weinen. In diesem Moment weint er nicht nur um seine Oma, sondern auch um seinen Freund und all die anderen Gefühle, die er jahrelang unterdrückt hat. Seit diesem Durchbruch der Trauer ist Louis weniger aggressiv als zuvor, und auch das übermäßige Hören lauter Musik hat nachgelassen. Es ist, als ob der Ausbruch seiner wahren Gefühle ihm eine gewisse Erleichterung verschafft und ihm hilft, einen gesünderen Umgang mit seiner Trauer zu finden.

Jeder Mensch geht mit Trauer auf seine eigene Weise um. Manche sprechen gerne darüber, andere ziehen sich lieber zurück und verarbeiten ihre Gefühle alleine.

7.5 Hannes hat Angst,
die verstorbene Mama könne Schmerzen beim Verbrennen haben

Hannes (7 Jahre), hat unerwartet seine Mama verloren. Während sich die Familie für eine Feuerbestattung entschieden hat, hat Hannes Sorgen, Bedenken und Ängste. Er hat Angst, dass seine Mama Schmerzen empfinden könnte, wenn sie verbrannt wird. Die Vorstellung ist für ihn sehr beunruhigend. Die Sorge von Hannes um seine Mama zeigt, wie sehr er sie liebt und vermisst.
Besonders für so ein junges Kind, das versucht, den Verlust seiner Mama zu verstehen, ist das eine normale Reaktion.

Frag das Kind, was es denkt, was bei einer Feuerbestattung passiert!
In einem einfühlsamen Gespräch mit Hannes werden seine Ängste angesprochen und ihm erklärt, dass die Feuerbestattung nicht bedeutet, dass seine Mama lebendig verbrannt wird. Es wird ihm erklärt, dass der Körper bereits gestorben ist und daher keine Schmerzen mehr fühlen kann.
Es ist wichtig, Hannes Raum zu geben, um seine eigenen Gedanken und Gefühle auszudrücken. Einfühlsames Zuhören und klare, beruhigende Erklärungen helfen ihm, seine Ängste zu überwinden.

Was passiert tatsächlich bei einer Feuerbestattung im Krematorium:
Bei einer Feuerbestattung wird der Verstorbene in einem speziellen Ofen, dem Krematorium, verbrannt. Die Temperaturen darin sind so hoch, dass der Körper des Verstorbenen mit dem Sarg verbrennt.

Es ist wichtig zu betonen, dass der Körper des Verstorbenen keine Schmerzen mehr spürt, da er nur die Hülle ist, die nichts mehr fühlen kann – der Körper ist tot – er kann keine Empfindungen mehr wahrnehmen. Der Körper hat aufgehört zu arbeiten, ähnlich wie ein Spielzeugauto, dessen Batterien leer sind. Es kann einfach nicht mehr fahren.

Das Feuer wird den physischen Körper (den du anfassen kannst) zersetzen, ähnlich wie wenn Holz im Kamin verbrannt wird.

Doppelte Sicherheit, bevor der Körper eines Verstorbenen verbrannt wird:
Direkt nach dem Eintritt des Todes untersucht ein Arzt den toten Körper des Verstorbenen und stellt den Totenschein aus. Erst dann darf der Bestatter den Körper mitnehmen. – Ein Amtsarzt untersucht den Körper der verstorbenen Person vor dem verbrennen (kremieren) noch einmal. So werden auch mögliche Hinweise auf Gewalteinwirkung oder andere verdächtige Umstände erkannt. Eine zusätzliche Sicherheit, dass der Körper tot ist.

Es ist wichtig, Hannes zu erklären, dass der Amtsarzt dabei feststellt, dass der Körper seiner Mama kein Leben mehr hat. Dadurch wird ihm verdeutlicht, dass die Seele seiner Mama bereits fort ist und der Körper keine Schmerzen mehr empfinden kann. Diese Erklärungen können dem Kind helfen, seine Sorgen zu mindern und den Verlust seiner Mama besser zu verstehen. Es ist entscheidend, einfühlsam und geduldig auf seine Fragen und Ängste einzugehen, um ihm in dieser schwierigen Zeit Halt und Unterstützung zu bieten.

7.6 Sternenkinder

In den stillen Ecken des Lebens existiert ein Thema, das oft im Schatten liegt, aber dennoch Beachtung verdient: Sternenkinder. Diese kleinen Seelen, die viel zu früh geboren wurden und oft nur für einen flüchtigen Moment in unseren Armen verweilen, verdienen es, dass wir ihrer gedenken und ihre Existenz anerkennen.

Juristisch betrachtet gibt es eine wichtige Unterscheidung in der Behandlung von Sternenkindern, abhängig von ihrem Gewicht bei der Geburt.
Sternenkinder, die über 500 Gramm wiegen, werden offiziell als Geburten beim Standesamt registriert und müssen gemäß den Bestattungsgesetzen in Deutschland offiziell bestattet werden. Die Eltern wählen ein eigenes Grab für die Beerdigung ihres Sternenkindes auf einem Friedhof aus.

Dagegen werden Sternenkinder, die bei der Geburt weniger als 500 Gramm wiegen oder vor der 24. Schwangerschaftswoche* still geboren werden, juristisch als Fehlgeburten betrachtet und nicht offiziell beim Standesamt registriert. Gemäß den Bestattungsgesetzen in Deutschland müssen sie nicht bestattet werden.

Seit Mai 2013 besteht jedoch die Möglichkeit, das Sternenkind auf Antrag der Mutter in das Personenstandsregister eintragen zu lassen. Die Eltern haben die Möglichkeit, ein eigenes Grab für die Beerdigung des Sternenkindes auf einem Friedhof auszusuchen oder sich für ein Sammelsternenkindergrab zu entscheiden. Diese sind auf ausgewählten Friedhöfen verfügbar.

Ich finde es wichtig zu betonen, dass die Existenz von Sternenkindern unter 500 Gramm kein Tabuthema sein sollte! Die betroffenen Eltern können so über ihren schweren Verlust sprechen und fühlen sich weniger allein auf ihrem Weg der Trauer und des Abschiedes. Die Erinnerung an die Sternenkinder mögen uns daran erinnern, dass die Liebe, die sie in den Herzen der Angehörigen hinterlassen haben, unendlich ist.

Bei Sternenkindern unter 500 Gramm ist es ebenso wichtig wie bei solchen über 500 Gramm, dass Eltern die Möglichkeit haben, Abschied zu nehmen – meist im Krankenhaus.

Die 24. Schwangerschaftswoche kann von Bundesland zu Bundesland abweichen, da jedes Bundesland sein eigenes Bestattungsgesetz hat.

Es gibt verschiedene Möglichkeiten, Erinnerungen zu schaffen, wie das Abschneiden einer Haarsträhne, das Anfertigen von Abdrücken der Hände und Füße oder sogar die Beauftragung eines Sternenkindfotografen, der einfühlsame Bilder des Sternenkindes und seiner Familie macht.

Abschiedsboxen sind eine weitere hilfreiche Unterstützung für Eltern, sowohl für Kinder unter 500 Gramm als auch darüber. Diese können von den Eltern selbst oder von Einrichtungen wie Krankenhäusern bestellt werden. In den Boxen finden sich Kleidungsstücke für die kleinsten und größeren Sternenkinder, eine Kerze, Abdrucksets für Hände und Füße sowie Abschiedskörbchen und Einschlagdecken. Diese Abschiedsboxen werden oft von Ehrenamtlichen, zum Beispiel auf der Website **stilleswunder.de**, angefertigt, die sich aus Spenden finanzieren.

Es ist wichtig, diese intimen Momente und Erinnerungen zu würdigen und den Eltern die Unterstützung und Möglichkeit zu geben, ihren Abschied auf individuelle und einfühlsame Weise zu gestalten.

Dein Sternenkind ist ein unvergesslicher Teil deiner Familiengeschichte. Schweige es nicht tot, sondern integriere es in das Leben deiner Familie. Geschwisterkinder spüren oft, wenn etwas verheimlicht wird, und es ist wichtig, dass sie die Möglichkeit haben, deinen Verlust zu verstehen und zu verarbeiten.

Jedes dieser Sternenkinder trägt eine unendliche Liebe in sich, die euch auf ewig verbindet. Obwohl sie nicht die Chance hatten, das Licht der Welt in seiner Fülle zu sehen, so haben sie doch einen unvergesslichen Platz in unserer Familiengeschichte eingenommen. Sie sind mehr als Namen auf einem Papier oder Gedanken in unseren Köpfen – sie sind ein Teil von uns, ein Teil unserer Liebe, unserer Träume und unserer Erinnerungen.

Abschiednehmen ist wichtig

In Momenten des tiefen Verlustes ist es wichtig, Raum für persönliche Abschiede zu schaffen, die den Wünschen und Bedürfnissen der Familie entsprechen. Ein solcher Moment kann das liebevolle Waschen und Ankleiden des verstorbenen Babys durch die Eltern sein, auch begleitet von der Unterstützung des Bestatters beim Einbetten in den Sarg.

In dieser Fürsorge und Verbundenheit können Eltern ihrem geliebten Kind eine letzte liebevolle Handlung schenken: eine Umarmung des Abschieds, die tiefer reicht als Worte. Es ist eine Möglichkeit, die Verbindung zu festigen, die sie zu ihrem kleinen Wunder hatten.

Durch dieses intime Ritual, können die Eltern Raum für Erinnerungen schaffen, für Momente des Trostes. Der kostbare Augenblick einer würdevollen Verabschiedung berührt die Herzen und kann den Weg zur Trauerbewältigung und Heilung inmitten des tiefen Schmerzes ebnen.

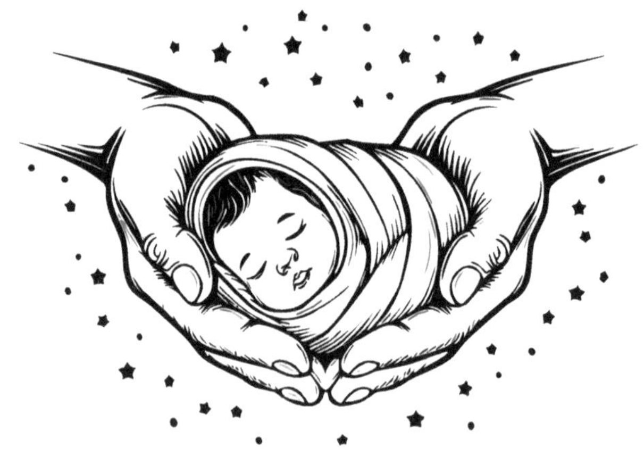

7.6.1 Merle verliert ihr Geschwisterchen bei der Geburt

Merle (4 Jahre) ist voller Vorfreude auf ihr Geschwisterchen.
Die Eltern haben Merle auf die Ankunft des Babys vorbereitet und sie in alle Vorbereitungen mit einbezogen.

Es gibt jedoch Komplikationen während der Geburt und das Baby stirbt. Die Familie ist zutiefst geschockt und traurig.

Die Eltern stehen nun vor der schwierigen Aufgabe, ihrer kleinen Merle zu erklären, was passiert ist und nehmen gemeinsam mit Merle Abschied vom Baby.
Der Vater führt Merle in das Krankenzimmer, in dem das Baby mit der Mama im Krankenhausbett liegt. Merle sieht unsicher und neugierig zugleich zum Baby. Sie schaut auf das kleine Geschwisterchen. Mama nimmt Merles Hand und legt sie auf das tote Baby. „Merle, das ist dein kleiner Bruder, er heißt Jonne. Er ist wunderschön, nicht wahr?". Merle nickt und ihre Finger streichen vorsichtig über die zarten Hände des Babys. „Warum bewegt er sich nicht, Mama?" fragt sie mit ängstlicher Stimme. Merle spürt, dass etwas anders ist.

Merles Mama atmet tief durch und erklärt liebevoll: „Das Baby ist gestorben und jetzt im Himmel, Merle. Es ist ein ganz besonderer Ort, an dem es keine Schmerzen oder Krankheiten gibt. Aber es kann nicht bei uns bleiben, weil sein Körper zu schwach war. Es ist jetzt ein kleiner Engel im Himmel, der über uns wacht."

Merle schaut das Baby weiter an, während ihre Mama ihr die Bedeutung von Abschied erklärt. Sie erzählt ihr, dass Abschiednehmen immer traurig ist, auch dass es wichtig ist, sich an die schönen Momente zu erinnern (wie z.B.: „Wir haben dem Baby im Bauch Lieder vorgesungen. Wir werden Jonne immer in unseren Herzen behalten und er wird immer ein Teil unserer Familie sein.")
Merle weint und ist sehr traurig. Sie beginnt langsam zu begreifen, dass Jonne nicht bei ihnen leben wird und sie ihn nicht mit nach Hause nehmen können.

Die Familie hat gemeinsame Erinnerungen geschaffen und einen Abdruck von den Händen und Füßen von Jonne gemacht, eine Strähne von den Haaren abgeschnitten und in eine kleine Box gelegt. Ein Sternekindfotograf macht zur Erinnerung Bilder von Jonne und seiner Familie – auch der Omas und Opas.

Die Eltern haben zwei gleiche Stoffbären gekauft. Einen davon legten sie in Jonnes Sarg, den zweiten bekommt Merle. Merle hat den Teddybär fast immer bei sich, sie kuschelt und spricht mit ihm. Der Teddybär gibt Merle Trost und ist eine Verbindung zu ihrem kleinen toten Bruder.

Als der Tag der Beerdigung des kleinen Jonne gekommen ist, ist Merle sehr traurig aber auch etwas neugierig. Die Familie hat sich entschieden, dem Baby einen würdevollen Abschied zu geben. Gemeinsam lassen sie am Ende der Zeremonie Luftballons in den Himmel steigen – als Zeichen ihrer Liebe und ihres Abschieds mit einem Gedicht*.

Merle hat für immer einen kleinen Stern am Himmel – es ist ihr Bruder Jonne.

*** Wir lassen Dich los!**

So geh Du nun, wir lassen dich los!
Wir wünschen Dir, dass Du den Weg nicht aus den Augen verlierst!
So geh Du nun, wir blicken Dir nach!
Wir wünschen Dir, dass Du das Licht am Horizont stets siehst!
So geh Du nun, unsere Gedanken begleiten Dich still!
Wir wünschen Dir, dass Du hörst, wie jemand Dich ruft!
So geh Du nun, wir sind bei Dir!
Wir wünschen Dir, dass Du Dich nicht allein fühlst!
So geh Du nun, wir lassen Dich los!
Mögest Du wissen, dass jemand Dich empfängt!
So geh Du nun, unsere Liebe umgibt Dich!
Mögest Du erkennen, dass das neue Land die Heimat ist,
aus der Du einst kamst.

So geh nun in Frieden!!!

(Verfasser unbekannt)

7.7 Wenn ein Kind stirbt

Der Verlust eines Kindes und der Umgang mit der Trauer:

Ein Ehepaar erlebt den schlimmsten Albtraum eines jeden Elternteils: Sie verlieren ihren dreijährigen Sohn Benjamin plötzlich an einer Blutvergiftung. Dieser Verlust erschüttert sie zutiefst.

Auswirkungen des Verlustes auf das Ehepaar

1. **Unterschiedliche Trauerbewältigung:** Das Ehepaar trauert auf unterschiedliche Weise. Die Mutter sucht Trost im Gespräch über Benjamin und in gemeinsamen Erinnerungen, während der Vater sich in sich zurückzieht und schweigt. Die Mutter empfindet dieses Schweigen oft als Gleichgültigkeit oder fehlende Anteilnahme, was zu Missverständnissen und emotionaler Distanz führt.
2. **Schweigen als Trauerbewältigung:** Der Vater findet im Schweigen einen Weg, seinen Schmerz zu bewältigen. Er fühlt sich überwältigt und unfähig, seine Gefühle auszudrücken. Die Mutter versteht dieses Schweigen jedoch nicht und fühlt sich isoliert und alleingelassen in ihrer Trauer.
3. **Externe Einflüsse:** Kommentare von Außenstehenden, die darauf hinwiesen, dass die Mutter noch jung sei und weitere Kinder bekommen könne, verstärken den Schmerz der Eltern. Solche Aussagen verkennen die Einzigartigkeit des verlorenen Kindes.

Zwei Jahre später erwarten sie erneut ein Kind, einen Jungen namens Johannes. Johannes wächst unter dem ständigen Vergleich mit seinem verstorbenen Bruder auf, besonders in der Schwangerschaft und den ersten drei Jahren seines Lebens.

Diese Vergleiche und die unbewältigte Trauer führten zu Spannungen und Kommunikationsproblemen zwischen dem Ehepaar.

Einbeziehen des zweiten Kindes und Bewältigungsstrategien

1. **Anerkennung der Einzigartigkeit:** Johannes wird oft mit Benjamin verglichen, was ihm das Gefühl gibt, in dessen Schatten zu stehen. Es ist wichtig, dass Johannes als eigenständige Person anerkannt und geschätzt wird.
   Eltern sollten bewusst auf Vergleiche verzichten und die eigene Persönlichkeit und Stärken jedes Kindes betonen.

2. **Offene Kommunikation:** Die Eltern sollten offen über ihre Gefühle sprechen. Der Mann kann lernen, seine Trauer zu äußern – etwa durch ein Trauertagebuch oder Gespräche mit einem Therapeuten. Die Frau kann versuchen, sein Schweigen nicht als Abweisung zu interpretieren, sondern es als seine individuelle Trauerreaktion respektieren.

3. **Gemeinsame Erinnerungsrituale:** Das Paar kann – gemeinsam mit Johannes – Rituale einführen. Beispielsweise können sie jährlich an Benjamins Geburtstag eine Kerze anzünden oder einen besonderen Tag der Erinnerung gestalten. Damit hat auch Johannes eine wichtige, verantwortliche Aufgabe und kann sich positiv gesehen fühlen.

4. **Professionelle Unterstützung:** Der Besuch bei einem Therapeuten oder einer Selbsthilfegruppe kann beiden Eltern helfen, ihre Trauer zu verarbeiten und besser miteinander zu kommunizieren. Solche Ressourcen bieten ein sicheres Umfeld, um Gefühle auszudrücken und Strategien für den Umgang mit der Trauer zu entwickeln.

Risiken und Vermeidungsstrategien

1. **Isolation und Missverständnisse:** Wenn die Eltern nicht über ihre Trauer sprechen, riskieren sie, sich emotional voneinander zu entfernen. Regelmäßige Gespräche über ihre Gefühle und Bedürfnisse können helfen, Missverständnisse zu vermeiden.

2. **Übermäßige Vergleiche:** Johannes sollte nicht ständig mit Benjamin verglichen werden. Es ist wichtig, dass die Eltern Johannes als eigenständige Person sehen und seine eigenen Meilensteine feiern.

3. **Ignorieren der Trauer:** Das Schweigen über den Verlust kann die Trauer verlängern und die Heilung verhindern. Offene Gespräche über Benjamin und die gemeinsamen Erinnerungen können helfen, die Trauer zu verarbeiten.

Der Verlust eines Kindes ist eine der größten Herausforderungen, denen sich ein Paar stellen kann. Es erfordert viel Sensibilität und Kommunikation, um diesen Schmerz zu bewältigen und gleichzeitig ein weiteres Kind liebevoll in die Familie zu integrieren. Mit gegenseitigem Verständnis, offenen Gesprächen und professioneller Unterstützung können Paare Wege finden, zusammen zu trauern und gleichzeitig nach vorne zu blicken.

Was nimmt ein dreijähriges Kind wahr:
Ein dreijähriges Kind spürt, wenn es im Schatten eines verstorbenen Geschwisterkindes steht. Obwohl Kinder in diesem Alter ihre Gefühle und Wahrnehmungen noch nicht vollständig ausdrücken können, sind sie sehr sensibel gegenüber den Emotionen und Verhaltensweisen ihrer Eltern. Hier sind einige Aspekte, wie ein dreijähriges Kind diese Situation wahrnehmen könnte:

1. **Aufmerksamkeit und Vergleich:** Ein Kind kann bemerken, wenn seine Eltern oft über das verstorbene Geschwisterkind sprechen und es dadurch indirekt vergleichen. Es spürt, dass es in den Augen der Eltern Erwartungen erfüllen soll, die ursprünglich für das verstorbene Geschwisterkind gedacht waren.

2. **Emotionale Stimmung:** Kinder sind sehr empfänglich für die emotionale Atmosphäre in ihrer Umgebung. Sie nehmen Trauer, Spannung oder Zurückhaltung bei ihren Eltern wahr, auch wenn sie die Gründe dafür nicht vollständig verstehen. Ein Kind kann spüren, dass es eine Rolle in einem ungelösten emotionalen Drama spielt.

3. **Reaktionen der Eltern:** Wenn die Eltern in bestimmten Situationen anders reagieren, weil sie an das verstorbene Kind denken, kann das Kind diese Unterschiede bemerken. Beispielsweise könnten die Eltern bei bestimmten Meilensteinen besonders emotional werden oder bei bestimmten Aktivitäten zurückhaltend sein.

**Anzeichen, dass ein Kind
im Schatten eines verstorbenen Geschwisterkindes steht**

1. **Verhaltensänderungen:** Das Kind kann ungewöhnlich anhänglich oder um Aufmerksamkeit bemüht sein. Es kann versuchen, besonders brav oder besonders auffällig zu sein, um die Aufmerksamkeit der Eltern zu gewinnen.
2. **Gefühle der Unsicherheit:** Das Kind kann Unsicherheiten oder Ängste entwickeln, besonders in Situationen, die mit dem verstorbenen Geschwisterkind verbunden sind.
3. **Nachahmungsverhalten:** Das Kind kann versuchen, bestimmte Verhaltensweisen oder Interessen des verstorbenen Geschwisterkindes zu imitieren, um die Erwartungen der Eltern zu erfüllen.

Strategien zur Unterstützung des Kindes

1. **Einzigartigkeit betonen:** Die Eltern sollten aktiv die individuellen Stärken und Interessen des Kindes fördern und es für seine eigenen Leistungen loben, ohne Vergleiche mit dem verstorbenen Geschwisterkind anzustellen.
2. **Offene Kommunikation:** Altersgerechte Gespräche über den verstorbenen Bruder können helfen. Eltern können erklären, dass das verstorbene Kind einen besonderen Platz in ihren Herzen hat, aber dass das lebende Kind ebenso einzigartig und wichtig ist.
3. **Rituale und Erinnerungen:** Gemeinsame Rituale zur Erinnerung an das verstorbene Kind können dem lebenden Kind helfen, den Platz des Bruders in der Familie zu verstehen, ohne dass es sich selbst als Ersatz fühlen muss.
4. **Professionelle Hilfe:** Wenn die Situation für das Kind oder die Eltern besonders belastend ist, kann die Unterstützung durch einen Familientherapeuten hilfreich sein. Dieser kann ihnen helfen, gesunde Wege zu finden, um die Trauer zu verarbeiten und das Kind in seiner Entwicklung zu unterstützen.

Indem Eltern bewusst darauf achten, wie sie ihre Trauer ausdrücken und wie sie mit dem lebenden Kind umgehen, können sie verhindern, dass das Kind sich im Schatten seines verstorbenen Geschwisterkindes fühlt und ihm eine gesunde, liebevolle Umgebung bieten.

Stärkung der Paarbeziehung

Der Verlust eines Kindes ist eine extrem belastende Erfahrung für Eltern und kann die Beziehung auf eine harte Probe stellen. Damit Eltern sich auf ihrem Trauerweg nicht verlieren und sich trennen, sind Offenheit, Verständnis und gegenseitige Unterstützung entscheidend. Hier sind einige Strategien, die helfen können:

1. Offene Kommunikation

Regelmäßige Gespräche

- **Teilen der Gefühle:** Eltern sollten regelmäßig über ihre Gefühle und Gedanken sprechen, auch wenn es schmerzhaft ist. Es ist wichtig, dass beide Partner ihre Trauer ausdrücken können, ohne Angst vor Verurteilung zu haben.
- **Aktives Zuhören:** Zuhören ohne zu urteilen oder Ratschläge zu erteilen kann helfen, die emotionale Verbindung zu stärken. Jeder sollte die Gelegenheit haben, seine Trauer auf seine eigene Weise auszudrücken.

Ehrlichkeit und Transparenz

- **Über Ängste und Bedürfnisse sprechen:** Offene Gespräche darüber, was jeder Einzelne braucht und wovor er oder sie Angst hat, können Missverständnisse verhindern und helfen, gemeinsam Lösungen zu finden.

2. Gemeinsame Rituale und Erinnerungen

Rituale zur Erinnerung

- **Gemeinsame Gedenkfeiern:** Regelmäßige Rituale, wie das Anzünden einer Kerze oder das Besuchen eines besonderen Ortes, können helfen, den Verlust gemeinsam zu verarbeiten.
- **Erinnerungsstücke:** Das gemeinsame Schaffen oder Bewahren von Erinnerungsstücken, wie Fotoalben oder Gedenkbüchern, kann tröstlich sein und die Verbindung stärken.

Positives Erinnern

- **Gemeinsame Erinnerungen teilen:** Über positive Erinnerungen an das verstorbene Kind zu sprechen, kann helfen, die Trauer in etwas zu verwandeln, das verbindet, anstatt zu trennen.

3. Unterstützung von außen

Professionelle Hilfe

- **Therapie und Beratung:** Der Besuch bei einem Therapeuten oder einer Eheberatung kann sehr hilfreich sein. Ein professioneller Berater kann Techniken vermitteln, um besser miteinander zu kommunizieren und die Trauer zu verarbeiten.
- **Selbsthilfegruppen:** Der Austausch mit anderen Eltern, die einen ähnlichen Verlust erlebt haben, kann Trost spenden und das Gefühl geben, nicht allein zu sein.

4. Gemeinsame Zeit und Aktivitäten

Qualitätszeit

- **Gemeinsame Unternehmungen:** Aktivitäten, die beiden Spaß machen und bei denen sie sich wohlfühlen, können helfen, die Beziehung zu stärken und positive Erinnerungen zu schaffen.
- **Neue Traditionen entwickeln:** Neue gemeinsame Rituale oder Hobbys können helfen, die Bindung zu erneuern und die Beziehung zu festigen.

5. Selbstfürsorge und Rücksichtnahme

Selbstpflege

- **Eigene Bedürfnisse erkennen:** Beide Partner sollten sich Zeit nehmen, um auf sich selbst zu achten und sich zu erholen. Dies kann durch Hobbys, Sport, Meditation oder andere Formen der Selbstfürsorge geschehen.
- **Rücksichtnahme auf den Partner:** Verständnis und Rücksichtnahme gegenüber den Bedürfnissen und Gefühlen des Partners sind wichtig. Jeder trauert anders, und es ist wichtig, diesen Unterschied zu respektieren.

6. Geduld und Nachsicht

Zeit geben

- **Trauer ist ein Prozess:** Es ist wichtig zu verstehen, dass Trauer ein langwieriger Prozess ist und jeder in seinem eigenen Tempo heilt. Geduld miteinander und Nachsicht sind entscheidend.
- **Akzeptanz:** Akzeptieren, dass es schlechte Tage geben wird und dass Rückschläge normal sind, kann helfen, den Druck von der Beziehung zu nehmen.

Zusammenhalt und Hoffnung

- **Gemeinsame Ziele setzen:** Zukunftsorientierte Gespräche und das Setzen von gemeinsamen Zielen können helfen, einen positiven Ausblick zu bewahren.
- **Zusammen stark sein:** Das Bewusstsein, dass man gemeinsam durch diese schwierige Zeit geht, kann das Gefühl der Verbundenheit stärken und die Beziehung festigen.

Der Verlust eines Kindes ist eine der größten Herausforderungen, die eine Ehe belasten können. Durch offene Kommunikation, gegenseitige Unterstützung und professionelle Hilfe können Eltern lernen, miteinander zu trauern und ihre Beziehung zu stärken, anstatt sich auseinanderzuleben.

7.7.1 Schweigen eines Partners nach dem Verlust eines Kindes

Wenn ein Partner nach dem Verlust eines Kindes schweigt, kann das sehr belastend für die Partnerschaft sein. Schweigen ist oft ein Zeichen, dass jemand auf eine andere Weise mit seiner Trauer umgeht oder Schwierigkeiten hat, seine Gefühle auszudrücken.

Hier sind einige Ansätze, die helfen können:

1. **Verständnis und Geduld zeigen – Respektieren der Trauerweise**

   - **Akzeptanz der Unterschiede:** Jeder Mensch trauert anders. Es ist wichtig zu akzeptieren, dass Schweigen für manche Menschen ein Bewältigungsmechanismus ist.

   - **Geduld haben:** Der trauernde Partner braucht mehr Zeit, um seine Gefühle zu verarbeiten, bis er sich bereit fühlt, über den Verlust zu sprechen.

2. **Vorsichtige Ermutigung zur Kommunikation in sicherer Umgebung**

   - **Offene Fragen stellen:** Anstatt direkte Fragen zu stellen, können offene Fragen den Partner ermutigen, zu sprechen, ohne sich unter Druck gesetzt zu fühlen. Ein Beispiel: „Wie fühlst du dich heute?" oder „Gibt es etwas, worüber du sprechen möchtest?"

   - **Zeichen der Zuneigung:** Zeige deinem Partner durch Gesten und Berührungen, dass du da bist und ihn unterstützt, auch wenn keine Worte gesprochen werden.

3. **Gemeinsame Aktivitäten – Aufbau von Vertrauen durch Nähe**

   - **Gemeinsame Unternehmungen:** Aktivitäten wie Spaziergänge, Kochen oder Sport können helfen, eine entspannte Atmosphäre zu schaffen, in der der Partner sich leichter öffnen könnte.

   - **Rituale der Nähe:** Regelmäßige, gemeinsame Rituale, wie z.B. abends zusammen eine Tasse Tee trinken, können eine Gelegenheit bieten, in einer ungezwungenen Atmosphäre ins Gespräch zu kommen.

4. Professionelle Unterstützung – Externe Hilfe einholen

- **Therapie und Beratung:** Ein Familientherapeut oder Trauerbegleiter kann unterstützen, Kommunikationsbarrieren zu überwinden. Der Therapeut kann Techniken anbieten, um den schweigenden Partner zu ermutigen, seine Gefühle auszudrücken.
- **Selbsthilfegruppen:** Der Austausch mit anderen Betroffenen in einer Selbsthilfegruppe kann auch dem schweigenden Partner helfen, sich zu öffnen und zu erkennen, dass er nicht allein ist.

5. Selbstfürsorge und Eigeninitiative –
Eigene Bedürfnisse nicht vernachlässigen / sich nicht selbst vergessen

- **Eigene Trauer bewältigen:** Es ist wichtig, dass du auch deine eigene Trauer verarbeitest und nicht alles nur auf den schweigenden Partner fokussierst. Eigene Selbsthilfegruppen oder Gespräche mit Freunden können dabei helfen.
- **Balance finden:** Nimm dir Zeit für eigene Aktivitäten und Interessen, um eine gesunde Balance zwischen Unterstützung des Partners und Selbstfürsorge zu finden.

6. Schriftliche Kommunikation als alternative Ausdruckswege

- **Briefe schreiben:** Manchmal fällt es Menschen leichter, ihre Gefühle in Worte zu fassen, wenn sie sie aufschreiben. Ein Brief kann eine Möglichkeit sein, dem Partner mitzuteilen, wie du dich fühlst und ihm die Gelegenheit geben, in seinem eigenen Tempo zu antworten.
- **Tagebuch führen:** Ein gemeinsames Tagebuch, in dem beide Partner ihre Gedanken und Gefühle niederschreiben können, kann ein stiller Weg der Kommunikation sein.

7. Gemeinsame Trauerarbeit – Rituale und Erinnerungen teilen

- **Erinnerungsrituale:** Gemeinsame Rituale zur Erinnerung an das verstorbene Kind können helfen, die Trauer gemeinsam zu bewältigen und eine Verbindung zu schaffen. Dies kann das Anzünden einer Kerze, das Besuchen des Grabes oder das gemeinsame Anschauen von Fotos sein.
- **Erinnerungsecken schaffen:** Ein besonderer Ort im Haus, der dem verstorbenen Kind gewidmet ist, kann ein gemeinsamer Raum sein, der zu Gesprächen anregt.

Es ist herausfordernd, wenn ein Partner nach dem Verlust eines Kindes schweigt, aber durch Geduld, Verständnis und liebevolle Ermutigung kannst du ihm helfen, seine Gefühle auszudrücken. Professionelle Unterstützung und das Schaffen einer offenen, sicheren Umgebung sind ebenfalls entscheidend, um die Beziehung zu stärken und gemeinsam durch die Trauer zu gehen.

7.7.2 Trennung der Eltern nach Verlust eines Kindes

Der Verlust eines Kindes ist eine der traumatischsten Erfahrungen für Eltern. Diese enorme Belastung kann die Beziehung stark beeinflussen und in vielen Fällen zu einer Trennung führen.

Hier sind einige Gründe, warum Eltern sich nach einem solchen Verlust oft trennen:

1. Unterschiedliche Trauerbewältigungsstrategien

- **Individuelle Unterschiede:** Jeder Mensch trauert anders. Während der eine Partner Trost im Reden und Austausch sucht, könnte der andere in sich gekehrt und schweigsam sein. Diese unterschiedlichen Trauerreaktionen können zu Missverständnissen und Gefühlen der Isolation führen.
- **Mangelnde Synchronisation:** Wenn ein Partner schneller durch die verschiedenen Phasen der Trauer geht als der andere, kann das zu einer emotionalen Abweichung führen. Der Eindruck, dass der andere „zu schnell" oder „zu langsam" voranschreitet, kann zu Spannungen führen.

2. Emotionale Erschöpfung und Überforderung – Hoher emotionaler Stress

- **Dauerhafte Belastung:** Der ständige Schmerz und die Trauer können zu emotionaler Erschöpfung führen. Dies kann die Geduld und das Verständnis füreinander verringern.
- **Überforderung:** Der Druck, nicht nur die eigene Trauer, sondern auch die des Partners zu bewältigen, kann überwältigend sein und zu einer Überforderung führen.

3. Schuldzuweisungen und Selbstvorwürfe – Schuldgefühle und Vorwürfe

- **Selbstvorwürfe:** Eltern machen sich oft selbst Vorwürfe, was zu einer Belastung der Beziehung führen kann. Sie können das Gefühl haben, versagt zu haben, und diese Gefühle auf den Partner projizieren.
- **Schuldzuweisungen:** Manchmal geben Eltern einander die Schuld am Verlust eines Kindes, auch wenn dies irrational ist. Solche Schuldzuweisungen können die Beziehung stark belasten und zu Konflikten führen.

4. Kommunikationsprobleme – Mangelnde Kommunikation

- **Schweigen und Rückzug:** Wenn einer oder beide Partner ihre Gefühle nicht teilen, führt dies zu Missverständnissen und einem Gefühl der Isolation. Schweigen kann als Gleichgültigkeit oder mangelnde Anteilnahme aufgefasst werden.
- **Unterschiedliche Bedürfnisse:** Unausgesprochene Bedürfnisse und Erwartungen können zu Enttäuschungen und weiteren Konflikten führen.

7.8 Männer und ihre Trauer

Die Trauer bei Verlust eines Familienmitglieds, insbesondere beim Verlust eines Kindes, stellt eine enorme emotionale Herausforderung dar, die oft unterschiedliche Reaktionen bei Männern und Frauen hervorruft. Das kann zu einem Ungleichgewicht und Missverständnissen in der Beziehung führen.

Unterschiedliche Trauerbewältigungsstrategien: Männer trauern oft anders als Frauen. Während Frauen häufig das Bedürfnis haben, über ihre Gefühle zu sprechen und emotionale Unterstützung zu suchen, neigen Männer dazu, ihre Trauer still zu verarbeiten und versuchen oft, den Schmerz allein zu bewältigen.

1. **Psychologische und emotionale Verarbeitung**
   Männer neigen dazu, ihre Trauer kognitiv zu verarbeiten, was bedeutet, dass sie intensiv über den Verlust nachdenken und versuchen, ihn rational zu verstehen:
   - **Rationalisierung:** Männer versuchen häufig, den Tod durch rationale Erklärungen zu verarbeiten, indem sie sich intensiv mit den medizinischen oder wissenschaftlichen Aspekten des Todes auseinandersetzen, um einen Sinn darin zu finden.
   - **Gedankliche Isolation:** Viele Männer ziehen sich in ihre Gedankenwelt zurück. Sie grübeln über das, was passiert ist, und stellen sich Fragen wie: „Was hätte ich anders machen können?" oder „Warum ist das passiert?". Diese Gedanken können sie stundenlang beschäftigen und zu Schlaflosigkeit oder Konzentrationsproblemen führen.

2. **Veränderung in sozialen Beziehungen**
   Männer neigen dazu, ihre Sozialkontakte während der Trauer zu verändern:
   - **Reduziertes soziales Engagement:** Ein trauernder Mann verbringt vielleicht weniger Zeit mit Freunden und Familie. Er lehnt Einladungen ab und meidet soziale Aktivitäten, weil er sich nicht in der Lage fühlt, seine Trauer in Gesellschaft zu zeigen oder zu erklären.
   - **Veränderung der Rollen:** In der Familie können sich die Rollen verschieben. Ein Mann konzentriert sich vielleicht stärker auf seine beruflichen Aufgaben, um der familiären Trauer zu entkommen. Gleichzeitig versucht er, übermäßig stark oder kontrolliert aufzutreten, um seiner Familie Stabilität zu bieten.

3. Physische Reaktionen auf Trauer

- **Gesundheitsprobleme:** Stressbedingte Gesundheitsprobleme wie Herzbeschwerden, Magenprobleme oder Kopfschmerzen sind bei trauernden Männern nicht ungewöhnlich. Ein Mann bemerkt vielleicht, dass seine gesundheitlichen Beschwerden zunehmen oder dass er häufiger krank wird.
- **Veränderte Schlafmuster:** Schlaflosigkeit oder übermäßiges Schlafen können ebenfalls Symptome der Trauer sein. Einschlafschwierigkeiten oder ständige Müdigkeit sind ein Beispiel dafür.

4. Strategien zur Bewältigung der Trauer

- **Struktur und Routine:** Viele Männer suchen Trost in der Aufrechterhaltung einer strikten Routine. Ein Mann strukturiert eventuell seinen Tagesablauf streng, um sich abgelenkt und beschäftigt zu halten. Dies kann ihm ein Gefühl der Kontrolle und Stabilität geben.
- **Zielgerichtete Aktivitäten:** Männer neigen dazu, sich auf konkrete, zielgerichtete Aktivitäten zu konzentrieren. Ein Mann startet vielleicht ein umfangreiches Heimwerkerprojekt oder widmet sich einem neuen Hobby, um seinen Geist zu beschäftigen und seine Energie zu regulieren.

5. Emotionale Ausdrucksformen – Indirekter Ausdruck der Trauer

- **Symbolische Handlungen:** Durch symbolische Handlungen wie das Tragen eines besonderen Schmuckstücks oder das Besuchen des Grabes zu bestimmten Zeiten drücken viele Männer ihre Trauer aus. Diese Handlungen bieten ihnen einen Weg, seine Gefühle zu zeigen, ohne darüber sprechen zu müssen.
- **Veränderung in Verhaltensweisen:** Männer könnten Veränderungen in ihren alltäglichen Verhaltensweisen zeigen, wie z.B. eine plötzliche Leidenschaft für das Kochen der Lieblingsgerichte des Verstorbenen oder das Hören von Musik, die sie an die verlorene Person erinnert.

6. Verstärkte Nutzung von Alkohol und anderen Substanzen

- **Selbstmedikation:** Manche Männer fangen an, mehr Alkohol zu trinken, um den emotionalen Schmerz zu betäuben. Zum Beispiel könnte ein Vater, der sein Kind verloren hat, feststellen, dass er nach der Arbeit immer häufiger zur Flasche greift, um den Schmerz des Verlustes zu lindern.

- **Vermeidungsverhalten:** Die Nutzung von Alkohol oder Drogen kann auch ein Weg sein, unangenehme Emotionen zu vermeiden und sich von der Realität der Trauer abzulenken. Dies kann kurzfristig Linderung bringen, führt aber oft zu weiteren Problemen, wie gesundheitlichen Beschwerden oder Beziehungsproblemen.

7. Versuch, alles allein zu regeln

Männer versuchen oft, ihre Trauer allein zu bewältigen, weil sie glauben, dass sie die Last alleine tragen müssen:

- **Selbst auferlegte Isolation:** Häufig isolieren Männer sich selbst, weil sie glauben, dass niemand ihre Gefühle versteht oder dass sie stark sein müssen, um ihre Familie zu schützen. Zum Beispiel kann ein Ehemann, der seine Frau verloren hat, es vermeiden, mit seinen Kindern über seine Trauer zu sprechen, aus Angst, sie noch mehr zu belasten.

- **Übernahme aller Aufgaben:** Ein Mann versucht vielleicht, alle organisatorischen und praktischen Aufgaben nach einem Todesfall selbst zu übernehmen. Dies gibt ihm das Gefühl, aktiv zu sein und Kontrolle zu haben. Gleichzeitig kann es aber auch dazu führen, dass er sich überfordert und allein gelassen fühlt.

Fallbeispiele für ein tieferes Verständnis
Fallbeispiel 1: Jens und die Rationalisierung

Jens verliert seine Tochter durch eine seltene Krankheit. Er beginnt, sich intensiv in medizinische Literatur zu vertiefen und alles über die Krankheit zu lesen. Jens spricht selten über seine Gefühle, aber er diskutiert häufig die wissenschaftlichen Details mit seiner Frau und den Ärzten. Diese nüchterne Art hilft ihm, ein Gefühl der Kontrolle über eine unkontrollierbare Situation zu gewinnen.

Fallbeispiel 2: Uwe und die Veränderung der sozialen Beziehungen

Uwe verliert seinen besten Freund bei einem Autounfall. Er zieht sich von gemeinsamen Freunden zurück und verbringt mehr Zeit allein in der Natur, beim Wandern oder Angeln. Seine Frau bemerkt, dass er weniger redet und sich in sich selbst zurückzieht. Durch behutsames Nachfragen und gemeinsames Wandern schafft sie es, dass Uwe langsam anfängt, über seine Gefühle zu sprechen.

Fallbeispiel 3: Peter und die physische Reaktion

Peter verliert seine Mutter an Krebs. Nach ihrem Tod bemerkt er, dass er häufig Magenprobleme hat und an Schlaflosigkeit leidet. Er beginnt, intensiver Sport zu treiben, um seinen Stress zu bewältigen. Durch den Sport findet er einen Weg, seinen Körper und Geist zu beruhigen. Er beginnt, regelmäßige Gespräche mit einem Therapeuten zu führen, um seine emotionalen und physischen Symptome zu lindern.

Fallbeispiel 4: Martin und die Selbstmedikation

Martin verliert seinen Bruder an einen plötzlichen Herzinfarkt. Um den Schmerz zu betäuben, beginnt er, jeden Abend mehr Alkohol zu trinken. Seine Familie merkt, dass er immer häufiger betrunken ist, aber er besteht darauf, dass er alles unter Kontrolle hat. Erst nach einem offenen Gespräch mit einem engen Freund, der ähnliche Erfahrungen gemacht hat, erkennt Martin, dass er Hilfe benötigt und beginnt eine Therapie.

Fallbeispiel 5: Frank und die Übernahme aller Aufgaben

Frank verliert seine Frau nach langer Krankheit. Um sich nicht mit seiner Trauer auseinandersetzen zu müssen, stürzt er sich in die Organisation der Beerdigung und regelt alle Formalitäten selbst. Er nimmt kaum Hilfe von anderen an und wirkt nach außen stark und kontrolliert. Erst als er körperliche Symptome wie Kopfschmerzen und Erschöpfung entwickelt, erkennt er, dass er sich selbst überfordert hat. Durch die Unterstützung eines Trauerbegleiters lernt er, seine Aufgaben zu delegieren und seine eigenen Gefühle zuzulassen.

Wege zur Unterstützung der Männer in ihrer Trauer

Damit sich Männer in ihrer Trauer verstanden und unterstützt fühlen, sind mehrere Ansätze hilfreich:

1. **Akzeptanz unterschiedlicher Trauerstile:** Es ist wichtig anzuerkennen, dass jeder Mensch anders trauert. Es gibt kein „richtig" oder „falsch" in der Trauerbewältigung. Partner sollten sich gegenseitig Raum geben und die jeweils andere Art der Trauer respektieren.

2. **Förderung offener Kommunikation:** Auch wenn Männer oft nicht über ihre Gefühle sprechen wollen, kann es hilfreich sein, ihnen Raum und Zeit zu geben, ihre Gedanken zu äußern, ohne Druck auszuüben. Ein offenes, nicht urteilendes Gesprächsumfeld kann dazu beitragen, dass Männer sich sicher fühlen, ihre Emotionen zu teilen.

3. **Angebot von alternativen Ausdrucksformen:** Männer können ermutigt werden, ihre Trauer auf andere Weise auszudrücken, z.B. durch körperliche Aktivitäten, handwerkliche Tätigkeiten oder kreative Ausdrucksformen wie Schreiben oder Musik.

4. **Gemeinsame Rituale und Gedenken:** Gemeinsame Rituale wie das Anzünden einer Kerze oder das regelmäßige Besuchen des Grabes können Männern helfen, ihre Trauer auszudrücken.

5. **Professionelle Unterstützung:** Wenn die Trauer überwältigend wird und zu selbstschädigendem Verhalten wie übermäßigem Alkoholkonsum führt, kann professionelle Hilfe in Form von Therapie oder Selbsthilfegruppen eine wertvolle Unterstützung bieten.

6. **Männer sind oft lösungsorientiert:** Die beste Aufgabe in der Trauerarbeit für sich und ihre Familien ist es, die Lösung für ein akzeptables, weiteres Zusammenleben für alle Beteiligten zu finden. Dazu gehört, in ruhigen Momenten mit sich selbst auszuhalten, aber auch, sich den Familienmitgliedern zu öffnen und nicht jeder Situation, wie zum Beispiel Gesprächen oder kleineren Ritualen, aus dem Weg zu gehen.

7. **Männer dürfen begreifen lernen:** Der Umgang mit den eigenen Gefühlen ist eine Stärke und keine Schwäche. Es erfordert größeren Mut, sich seinen inneren Emotionen zu stellen, als den Kampf mit den Fäusten aufzunehmen.

Ein umfassendes Verständnis der Trauer bei Männern muss die verschiedenen Ebenen ihrer emotionalen, psychologischen und physischen Reaktionen sowie ihre eigenen Bewältigungsstrategien berücksichtigen. Männer brauchen oft wesentliche Unterstützung, um gesunde Wege zur Trauerbewältigung zu finden und schädliche Verhaltensweisen zu vermeiden. Durch einfühlsame Begleitung, Geduld und das Angebot von Unterstützung können Männer lernen, ihre Trauer auf eine Weise zu verarbeiten, die ihnen langfristig hilft, mit ihrem Verlust umzugehen. Eine stärkere emotionale Verbindung und ein tieferes Verständnis innerhalb der Familie können somit gefördert werden.

Männer trauern anders

Als Mutter, Ehefrau, Bestatterin und Trauerbegleiterin habe ich über die Jahre viele verschiedene Arten der Trauer miterlebt und begleitet. In diesem Buch teile ich meine Erfahrungen und Beobachtungen, die ich in dieser Zeit gemacht habe. Ich schreibe nicht als Medizinerin oder Therapeutin, sondern aus meiner persönlichen und emotionalen Perspektive. Ein Thema, das mir besonders am Herzen liegt, ist die Art und Weise, wie Männer trauern.

Es ist wichtig zu betonen, dass jeder Mensch einzigartig trauert und dass diese Unterschiede nichts mit Schwäche oder Stärke zu tun haben. Männer zeigen ihre Trauer oft weniger nach außen. Sie neigen dazu, ihre Emotionen in sich zu tragen und verarbeiten ihren Schmerz häufig durch Tätigkeiten, Arbeit oder Hobbys.

Dieses Kapitel soll dazu dienen, ein besseres Verständnis für die unterschiedlichen Wege der Trauer zu fördern. Es geht nicht darum, Geschlechterrollen zu bestätigen, sondern darum, die Vielfalt der Trauererfahrungen zu würdigen. Ich hoffe, dass sowohl Männer als auch Frauen sich in meinen Worten wiederfinden und sich respektiert fühlen.

Indem wir die verschiedenen Facetten der Trauer anerkennen, können wir einfühlsamer und unterstützender aufeinander eingehen. Jeder Trauerweg ist individuell und verdient Respekt. Dieses Buch soll helfen, die verschiedenen Ausdrucksformen der Trauer zu verstehen und uns gegenseitig in diesen schweren Zeiten besser beizustehen.

7.9 Verlust eines Angehörigen durch Suizid

Max (8 Jahre) verliert seinen Vater durch einen Suizid.
Es ist von Bedeutung, dass er in dieser schwierigen Zeit liebevolle Unterstützung erhält und dass ihm die Wahrheit auf eine einfühlsame und altersgerechte Weise mitgeteilt wird.

Hier das Beispiel, wie mit Max umgegangen wird:

1. **Ehrlichkeit wählen:** Es ist wichtig, dass die Mutter Max die Wahrheit über den Tod seines Vaters sagt. Auch wenn es verlockend sein mag, die Wahrheit zu verschleiern (z.B. es war ein Unfall), kann dies langfristig mehr Schaden anrichten. Kinder haben oft eine erstaunliche Fähigkeit, Unwahrheiten zu erkennen und das Gefühl, dass ihnen etwas verheimlicht wird, kann ihre Trauer und Verwirrung verstärken.

2. **Sanfte Annäherung:** Die Mutter erklärt Max, dass sein Vater sehr krank war, dass er sich sehr schlecht fühlte und dass er die sehr traurige Entscheidung getroffen hat, die sein Leben beendet hat. Sie kann Max versichern, dass es nicht seine Schuld ist und dass sein Vater ihn trotzdem sehr geliebt hat.

3. **Raum für Fragen und Gefühle geben:** Die Mutter läßt Max wissen, dass es in Ordnung ist, sich traurig, wütend oder verwirrt zu fühlen. Sie bietet ihm an, über seine Gefühle zu sprechen, drängte ihn aber nicht. Es ist wichtig, ihm Raum zu geben, um seine Emotionen auf seine eigene Weise zu verarbeiten.

4. **Alternativen für den Ausdruck von Trauer anbieten:** Neben dem Reden gibt es auch andere Möglichkeiten, wie Max seine Trauer ausdrücken kann. Vielleicht mag er malen, zeichnen oder in einem Tagebuch schreiben. Die Mutter ermutigt Max, seine Gefühle auf diese Weise auszudrücken.

5. **Professionelle Hilfe in Betracht ziehen:** Wenn Max weiterhin sehr zurückhaltend ist und sich weigert, über den Tod seines Vaters zu sprechen, kann es hilfreich sein, professionelle Hilfe von einem Therapeuten oder Trauerbegleiter in Anspruch zu nehmen, der Erfahrung mit der Trauerbewältigung bei Kindern hat.

Es ist wichtig, geduldig und einfühlsam zu sein. Die Mutter gibt ihm das Gefühl, dass sie für ihn da ist und dass er sicher ist, über seine Gefühle zu sprechen, wenn er bereit ist. Trauer ist ein individueller Prozess, und Max wird seine eigenen Schritte in seinem eigenen Tempo gehen, um mit dem Verlust seines Vaters fertig zu werden. Wichtig ist auch, dass die Mutter ihre Trauer zeigt und sie nicht vor dem Kind verbirgt.

Das Thema Suizid einem Kind kindgerecht zu erklären, erfordert viel Sensibilität und Einfühlungsvermögen. Hier sind einige Punkte zu beachten:

1. **Einfache Sprache verwenden:** Verwende eine Sprache, die dem Alter und dem Verständnisniveau des Kindes angemessen ist. Vermeide Fachbegriffe und komplexe Erklärungen.

2. **Ehrlichkeit:** Sei ehrlich, aber behutsam. Vermeide es, die Realität zu beschönigen oder zu verbergen. Kinder können Ungereimtheiten aufspüren und fühlen sich oft sicherer, wenn sie die Wahrheit wissen. (z.B. dem Kind wurde erzählt, dass der Vater einen Unfall hatte. Nachts wacht es auf und hört die Angehörigen am Esstisch über den Suizid seines Vaters sprechen.).

3. **Vermeide Schuldzuweisungen:** Erkläre dem Kind, dass Suizid keine einfache Entscheidung ist. Betone, dass es nicht die Schuld des Kindes oder von jemand anderem ist. (z.B.: „Nur weil du mit deinem Vater Streit hattest, ist es nicht deine Schuld, dass er sich das Leben genommen hat, niemand hat Schuld daran).

4. **Emotionen anerkennen:** Lass das Kind wissen, dass es normal ist, verwirrt, traurig, ängstlich oder wütend zu sein. Zeige Verständnis für seine Gefühle und ermutige es, darüber zu sprechen, wenn es möchte.

5. **Klare Grenzen setzen:** Stelle sicher, dass das Kind versteht, dass Suizid keine Lösung ist und dass es immer Hilfe und Unterstützung gibt, wenn es sich traurig oder überfordert fühlt. Erkläre ihm, dass es in Ordnung ist, um Hilfe zu bitten.

Ein Beispiel für eine kindgerechte Erklärung könnte sein:
„Manchmal fühlen sich Menschen so traurig oder überfordert, dass sie denken, es gibt keinen anderen Ausweg. Sie entscheiden sich, nicht mehr zu leben. Das nennt man Suizid. Aber es ist wichtig zu wissen, dass es immer Hilfe und Menschen gibt, die dir helfen können, wenn du dich traurig oder überfordert fühlst. Suizid ist keine gute Lösung, und es ist okay, um Hilfe zu bitten, wenn du dich schlecht fühlst. Es ist nicht deine Schuld, wenn jemand Suizid begeht."
Es ist wichtig, dass die Erklärung an das individuelle Kind angepasst wird, je nach Alter, Entwicklungsstand und Erfahrung mit dem Thema.

7.9.1 Altersgerechte Erklärungen für verschiedene Altersstufen

Wenn man einem Kind erklärt, dass jemand Suizid begangen hat, ist es wichtig, einfühlsam und behutsam vorzugehen.

Hier sind altersgerechte Erklärungen für verschiedene Altersstufen:

Für Kinder im Vorschulalter (3–5 Jahre):
„Manchmal fühlen sich Menschen sehr, sehr traurig, und sie entscheiden sich, nicht mehr auf der Erde zu sein. Das ist sehr traurig für uns alle. Wir können uns darüber fühlen, wie wir möchten. Es ist wichtig zu wissen, dass wir immer noch geliebt werden und dass es Menschen gibt, die uns helfen können, wenn wir uns traurig fühlen."

Für Kinder im Grundschulalter (6–10 Jahre):
„Es gibt etwas sehr Trauriges zu besprechen. Jemand, den wir kannten, hat sich entschieden, nicht mehr zu leben. Das nennt man Suizid. Es ist schwer zu verstehen und es ist okay, wenn du verwirrt oder traurig bist. Es ist wichtig zu wissen, dass Suizid keine Lösung ist und dass es immer Hilfe gibt, wenn man sich traurig oder überfordert fühlt."

Für Jugendliche (11–18 Jahre):
„Ich muss mit dir über etwas sehr Schwieriges sprechen. Jemand, den wir kannten, hat sich das Leben genommen. Das bedeutet, dass er sich entschieden hat, nicht mehr zu leben. Es ist eine sehr schmerzhafte und verwirrende Situation für uns alle. Es ist wichtig zu verstehen, dass Suizid eine sehr ernste Entscheidung ist und dass es oft viele Gründe und Schmerzen gibt, die wir vielleicht nicht verstehen können. Es ist auch wichtig zu wissen, dass es Hilfe gibt, wenn man sich traurig oder verzweifelt fühlt. Solltest du dich einmal so fühlen, sprich bitte mit einem Erwachsenen, dem du vertraust, oder suche professionelle Hilfe, wenn du dich überfordert fühlst."

Bei diesen Erklärungen ist es wichtig, dass man dem Kind den Raum gibt, Fragen zu stellen, und ihm versichert, dass es immer Unterstützung gibt, wenn es Hilfe braucht. Es ist auch wichtig, die individuellen Bedürfnisse und Reaktionen des Kindes zu berücksichtigen und angemessen darauf zu reagieren.

7.9.2 Ein Blick auf die andere Seite: Die Gefühle eines Suizidierenden

Der Suizid (Selbsttötung) eines geliebten Menschen ist eine der schwersten Herausforderungen, die Angehörige durchleben können. Es ist eine Tragödie, die oft unerwartet kommt und viele Fragen unbeantwortet lässt. Um den Schmerz und die Verzweiflung der Hinterbliebenen besser zu verstehen, ist es wichtig, sich auch in die Gefühlswelt des Suizidierenden hineinzuversetzen. Darüber hinaus müssen Wege gefunden werden, den Trauernden Trost und Unterstützung zu bieten.

Die Gefühle einer suizidgefährdeten Person

Menschen, die Suizid begehen, sind oft in einem Zustand tiefen emotionalen Schmerzes gefangen. Ihre Gefühle sind von einer Kombination aus Verzweiflung, Hoffnungslosigkeit und Isolation geprägt. Viele Suizidierende erleben eine Art emotionalen Tunnelblick, in dem sie nur noch den Ausweg im Suizid sehen.

- **Verzweiflung und Hoffnungslosigkeit:** Suizidierende empfinden ihren Schmerz als unerträglich und unüberwindbar. Sie sehen keine Möglichkeit, dass sich ihre Situation verbessern könnte.

- **Isolation und Einsamkeit:** Trotz der Anwesenheit von Familie und Freunden fühlen sich viele Suizidierende isoliert und allein. Sie glauben, dass niemand ihre Qualen wirklich verstehen kann.

- **Versagen und Schuld:** Häufig fühlen sich Suizidierende als Versager und glauben, sie würden ihre Angehörigen belasten. Sie sehen den Suizid manchmal als eine Form der Entlastung für ihre Familie.

Unterschiede in den Arten von Suiziden

Der Entschluss zum Suizid kann auf verschiedene Weisen und aus unterschiedlichen Beweggründen heraus entstehen. Grundsätzlich können Suizide in zwei Kategorien unterteilt werden: geplante Suizide und impulsive Suizide.

- **Länger geplanter Suizid:** Diese Art des Suizids wird oft über einen längeren Zeitraum hinweg vorbereitet. Der Betroffene plant detailliert und bereitet alles vor. Es können Abschiedsbriefe geschrieben oder finanzielle Angelegenheiten geregelt werden. Diese Art des Suizids deutet auf tief verwurzelte und langanhaltende Verzweiflung hin.
- **Suizid im Affekt (raptusartig):** Dieser Suizid erfolgt plötzlich und ohne längere Planung. Eine starke emotionale Krise oder ein akutes traumatisches Erlebnis kann einen raptusartigen Suizid auslösen. Es gibt keine langfristigen Vorbereitungen, und die Handlung erfolgt impulsiv. Oft gibt es keine offensichtlichen Hinweise oder Warnzeichen, dass der Betroffene suizidal ist.

> Der Suizid eines Menschen ist eine persönliche Entscheidung. Die Familie muss das aktzeptieren, daran kann sie nichts ändern – die Angehörigen dürfen sich keine Vorwürfe machen!

Fallbeispiel: Lukas

Lukas war 28 Jahre alt, als er sich das Leben nahm. Er war ein erfolgreicher junger Mann, der in seiner beruflichen Karriere aufstieg und ein scheinbar erfülltes soziales Leben führte. Doch innerlich kämpfte er seit Jahren mit Depressionen.

Trotz der Unterstützung seiner Familie und Freunde fühlte sich Lukas ständig einsam und unverstanden. Er war in einem Zustand chronischer Hoffnungslosigkeit gefangen. Keine Therapie oder Medikation schien ihm Erleichterung zu bringen, und er sah den Suizid als einzigen Weg, seinen unermesslichen Schmerz zu beenden.

Für die Angehörigen:

1. **Trauer und Abschied:**
   - **Trauer zulassen:** Es ist entscheidend, dass Angehörige ihre Trauergefühle vollständig durchleben und ausdrücken dürfen. Trauer ist ein wichtiger Prozess, um den Verlust zu verarbeiten und innerlich Frieden zu finden.
   - **Abschiedsrituale:** Rituale wie Beerdigungen, Gedenkfeiern oder persönliche Erinnerungszeremonien können helfen, Abschied zu nehmen. Diese Rituale bieten auch einen Raum für gemeinschaftliche Trauer und Unterstützung.

2. **Selbsthilfegruppen:**
   - **Austausch mit Betroffenen:** Der Kontakt zu anderen, die einen ähnlichen Verlust erlitten haben, kann sehr tröstlich sein. Selbsthilfegruppen bieten einen geschützten Raum für den Austausch von Erfahrungen und Gefühlen.
   - **Professionelle Unterstützung:** Selbsthilfegruppen, die von ausgebildeten Psychologen oder Trauerbegleitern geleitet werden, bieten zusätzliche professionelle Unterstützung.

3. **Gefühle des Trauernden:**
   - **Schuldgefühle:** Viele Angehörige kämpfen mit intensiven Schuldgefühlen und fragen sich, ob sie den Suizid hätten verhindern können. Es ist wichtig zu erkennen, dass der Suizid eines geliebten Menschen nie die Schuld der Hinterbliebenen ist und dass sie alles getan haben, was in ihrer Macht stand.
   - **Wut und Verwirrung:** Neben tiefer Trauer können auch Gefühle der Wut und Verwirrung auftreten. Diese sind normale Reaktionen auf ein traumatisches Ereignis und sollten nicht unterdrückt, sondern offen ausgesprochen und verarbeitet werden. Manche Angehörige empfinden Wut auf den Verstorbenen, weil sie sich im Stich gelassen oder verraten fühlen. Es ist wichtig, diese Gefühle anzuerkennen und zu bearbeiten.
   - **Traurigkeit und Sehnsucht:** Eine tiefe, allumfassende Traurigkeit und eine Sehnsucht nach dem Verstorbenen sind häufige Gefühle. Angehörige vermissen den geliebten Menschen und erleben Momente intensiver Traurigkeit.
   - **Angst und Unsicherheit:** Nach einem Suizid können Angehörige Angst vor der Zukunft und Unsicherheit darüber empfinden, wie sie ohne die verstorbene Person weiterleben sollen. Diese Gefühle können überwältigend sein und das tägliche Leben stark beeinträchtigen.

- **Hilflosigkeit und Leere:** Das Gefühl, nichts tun zu können und eine tiefe innere Leere zu empfinden, ist weit verbreitet. Angehörige können sich wie betäubt fühlen und Schwierigkeiten haben, ihre Emotionen zu ordnen.

7.9.3 Unterstützung und Trost

Es ist wichtig, dass Angehörige professionelle Hilfe in Anspruch nehmen, um den Verlust zu bewältigen. Psychologische Unterstützung durch Therapeuten, die auf Trauerbewältigung spezialisiert sind, können einen sicheren Raum bieten, um die komplexen und intensiven Gefühle zu verarbeiten. Auch das soziale Umfeld, wie Freunde und Familie, kann eine wertvolle Stütze sein. Es ist entscheidend, dass die Trauernden wissen, dass sie nicht allein sind und dass es Unterstützung und Trost gibt.

Langfristige Bewältigung und Heilung

Die Trauer um einen geliebten Menschen, der Suizid begangen hat, ist ein langer und oft schmerzhafter Prozess. Es ist wichtig, dass Angehörige Geduld mit sich selbst haben und sich die Zeit nehmen, die sie benötigen, um den Verlust zu verarbeiten.

- **Erinnerungen bewahren:** Erinnerungen an den Verstorbenen zu bewahren und zu pflegen, kann ein wichtiger Teil des Heilungsprozesses sein. Dies kann durch Fotoalben, persönliche Gegenstände oder das Teilen von Geschichten und Anekdoten geschehen.
- **Selbstfürsorge:** Angehörige sollten auf ihre eigene Gesundheit und ihr Wohlbefinden achten. Regelmäßige Bewegung, gesunde Ernährung und ausreichend Schlaf sind grundlegende Faktoren für die emotionale und körperliche Gesundheit.
- **Zukunftsperspektiven:** Langfristig kann es helfen, neue Perspektiven und Ziele zu entwickeln. Das bedeutet nicht, den Verstorbenen zu vergessen, sondern das Leben auf eine Weise weiterzuführen, die den eigenen Bedürfnissen und Wünschen gerecht wird.

Der Suizid eines geliebten Menschen hinterlässt tiefe Wunden und viele unbeantwortete Fragen. Das Verständnis für die Gefühle des Suizidierenden und der behutsame Umgang mit der eigenen Trauer sind entscheidende Schritte auf dem Weg zur Heilung. Selbsthilfegruppen und professionelle Unterstützung können dabei helfen, diesen schweren Verlust zu verarbeiten und wieder einen Weg ins Leben zu finden. Die Erinnerung an den Verstorbenen kann bewahrt werden, während gleichzeitig die eigene Zukunft neu gestaltet wird. Es ist wichtig, alle aufkommenden Gefühle zuzulassen und zu bearbeiten, um langfristig Frieden und Heilung zu finden.

„Mögest du in Frieden ruhen, befreit von den Schatten der Vergangenheit. Du wirst immer in unseren Erinnerungen bleiben." (Verfasser unbekannt)

7.10 Unfall-Tod – ein Blick auf die andere Seite

7.10.1 Die Gefühle eines Unfallverursachers verstehen

Unfälle sind tragische Ereignisse, die das Leben aller Beteiligten tiefgreifend verändern. Oft liegt der Fokus auf den Opfern (Verstorbenen) und ihren Familien, doch auch der Unfallverursacher durchlebt ein tiefes emotionales Trauma. Diese Perspektive möchte ich am Beispiel von Oliver verdeutlichen.

Der Fall von Oliver

Oliver, 18 Jahre alt, verursacht einen Autounfall, bei dem seine 16-jährige Beifahrerin ums Leben kommt. Die Familie der Verstorbenen ist verständlicherweise wütend und verzweifelt, da sie ihre Tochter verloren haben. Doch auch Oliver leidet enorm unter den Konsequenzen dieses Unfalls. Er ist psychisch am Ende, von tiefen Schuldgefühlen geplagt und benötigt dringend psychologische Betreuung, um mit dieser schweren Last umgehen zu können.

Die Emotionen eines Unfallverursachers

Ein Unfallverursacher durchlebt eine Vielzahl intensiver Gefühle, z.B.:

1. **Schuld und Reue:** Das überwältigende Gefühl, verantwortlich für den Tod oder die Verletzung eines Menschen zu sein, ist sehr zermürbend. Oliver fragt sich immer wieder, was er hätte anders machen können, um den Unfall zu vermeiden. Die Bilder des Unfalls verfolgen ihn Tag und Nacht, und er erlebt immer wieder die tragischen Momente, in denen das Leben seiner Beifahrerin endete.

2. **Trauer:** Die Trauer um das verlorene Leben ist nicht nur auf die Angehörigen beschränkt. Auch Oliver trauert um seine Beifahrerin. Er fühlt sich verbunden mit dem Schmerz der Familie und spürt eine tiefe Traurigkeit über das, was passiert ist.

3. **Angst und Unsicherheit:** Die Angst vor rechtlichen Konsequenzen, vor der Konfrontation mit der Familie des Opfers und vor der eigenen Zukunft kann überwältigend sein. Oliver weiß nicht, wie sein Leben weitergehen soll, und ob er jemals wieder einen Weg finden wird, um mit dieser Bürde leben zu können.

4. **Isolation und Einsamkeit:** Oft fühlt sich der Unfallverursacher allein gelassen und missverstanden. Der soziale Rückzug ist eine häufige Reaktion, da die Gesellschaft oft wenig Verständnis für die Gefühle des Verursachers zeigt. Oliver meidet Freunde und Familie, aus Angst vor Verurteilung und dem Gefühl, sie enttäuscht zu haben.

5. **Selbsthass und Verzweiflung:** Viele Unfallverursacher entwickeln eine tiefe Abneigung gegen sich selbst. Oliver kämpft mit dem Gedanken, dass er es nicht verdient, glücklich zu sein, während seine Beifahrerin ihr Leben verlor. Diese Selbstvorwürfe können zu schweren Depressionen führen und das Leben für den Verursacher unerträglich machen.

7.10.2 Die Gefahr der Unterdrückung

Wenn Oliver seine Gefühle unterdrückt und keine weitere psychologische Hilfe in Anspruch nimmt, kann das Geschehene im Laufe seines Lebens mit Macht wieder zum Vorschein kommen. Unterdrückte Schuld und Trauer können zu schweren psychischen Problemen führen. Depressionen, Angststörungen und sogar posttraumatischen Belastungsstörungen können die Folge sein. Diese Probleme könnten Olivers Fähigkeit, ein normales Leben zu führen, erheblich beeinträchtigen.

7.10.3 Der Weg zur Heilung

Um langfristige psychische Störungen zu vermeiden, ist es wichtig, dass Oliver kontinuierlich psychologische Betreuung in Anspruch nimmt.

Folgende Maßnahmen könnten ihm helfen:

1. **Therapie:** Regelmäßige Sitzungen mit einem Psychologen oder Therapeuten können Oliver dabei unterstützen, seine Gefühle zu verarbeiten und konstruktive Wege zu finden, mit seiner Schuld umzugehen.

2. **Traumatherapie:** Spezialisierte Traumatherapien, wie die EMDR (Etablierter Therapieansatz zur Behandlung von Traumafolgestörungen), können besonders wirksam sein. Diese Therapieform hilft dabei, traumatische Erlebnisse zu verarbeiten und die damit verbundenen emotionalen Belastungen zu reduzieren.

3. **Selbsthilfegruppen:** Der Austausch mit anderen Menschen, die ähnliche Erfahrungen gemacht haben, kann sehr hilfreich sein. Selbsthilfegruppen bieten ein unterstützendes Umfeld, in dem Oliver sich verstanden fühlt und wertvolle Bewältigungsstrategien erlernen kann.

4. **Meditation und Achtsamkeit:** Techniken wie Meditation, Entspannungsverfahren (Autogenes Training, Progressive Muskelentspannung PMR, etc,) und Achtsamkeitstraining können helfen, die innere Unruhe zu beruhigen und den Geist zu stärken.

5. **Körperliche Aktivität:** Sport und Bewegung sind bewährte Mittel, um Stress abzubauen.

7.10.4 Weitere Beispiele aus dem Alltag

Unfälle können auf viele verschiedene Weisen geschehen, oft ohne böse Absicht.

7.10.4.1 Der Unfall beim Spielen

Zwei Geschwister, ein Junge und seine jüngere Schwester, spielen im Garten. Während des Spieles stößt der Junge aus Versehen seine Schwester so unglücklich, dass sie stürzt und stirbt. Der Junge ist am Boden zerstört und fühlt sich schuldig, obwohl es ein Unfall war.

Die Gefühle der Eltern

Die Eltern von Kindern, die in solche tragischen Unfälle verwickelt sind, erleben eine komplexe und intensive Gefühlswelt:

- **Trauer und Verlust:** Der Schmerz, ein Kind zu verlieren, ist unbeschreiblich. Die Eltern müssen mit der Leere und dem Schmerz umgehen, den der Verlust hinterlässt. Sie trauern um ihre Tochter und müssen diesen tiefen Verlust verarbeiten.

- **Zerrissene Liebe:** Im Fall der Geschwister stehen die Eltern vor einer besonders schwierigen Herausforderung. Sie trauern um ihre Tochter, während sie gleichzeitig mit der Tatsache umgehen müssen, dass ihr Sohn für ihren Tod verantwortlich ist. Dies führt zu einer extrem zerrissenen Gefühlslage: Einerseits empfinden sie Trauer und Wut über den Verlust ihrer Tochter, andererseits müssen sie ihren Sohn unterstützen, der ebenfalls leidet und sich schuldig fühlt. Die Eltern sind hin- und hergerissen zwischen der Liebe zu ihrem Sohn und dem Schmerz über den Verlust ihrer Tochter.

- **Schuldgefühle und Vergebung:** Eltern können auch Schuldgefühle entwickeln, weil sie das Gefühl haben, ihren Sohn nicht ausreichend geschützt oder beaufsichtigt zu haben. Der Prozess der Vergebung – sowohl gegenüber dem Unfallverursacher als auch gegenüber sich selbst – ist lang und schwierig.
  Eltern müssen lernen, mit der neuen Realität umzugehen und versuchen, einen Weg zu finden, um sowohl ihrer Trauer als auch der Unterstützung ihres überlebenden Kindes gerecht zu werden.

7.10.4.2 Fußballspielen und ein tragischer Unfall

Zwei Jungen spielen gemeinsam Fußball auf einem Feld. Sie sind beste Freunde und spielen oft zusammen. Während des Spiels schießt einer der Jungen den Ball sehr hart, und der Ball trifft seinen Freund unglücklich am Kopf. Der getroffene Junge stürzt zu Boden und bleibt regungslos liegen. Trotz aller sofortigen Hilfsmaßnahmen stirbt der Junge an den Folgen dieses Unfalls.

Emotionen des überlebenden Kindes

- **Schock und Unglauben:** Der überlebende Junge steht zunächst unter Schock. Er kann nicht glauben, dass sein Freund wirklich tot ist. Der Übergang vom Spiel zur Tragödie ist so plötzlich, dass er Schwierigkeiten hat, die Realität zu erfassen.
- **Schuld und Selbstvorwürfe:** Eine der überwältigendsten Emotionen ist die Schuld. Der Junge gibt sich selbst die Schuld für den Tod seines Freundes. Er fragt sich immer wieder, ob er anders hätte spielen können oder ob er etwas hätte tun können, um den Unfall zu verhindern.
- **Trauer und Verlust:** Der Verlust seines Freundes erfüllt ihn mit tiefer Trauer. Sie hatten viele gemeinsame Erlebnisse und eine enge Freundschaft, die nun abrupt beendet wurde. Die Leere, die der Verlust hinterlässt, ist schwer zu ertragen.
- **Angst und Unsicherheit:** Der Junge hat Angst vor den Reaktionen der Erwachsenen und anderer Kinder. Er befürchtet, dass sie ihn für den Tod seines Freundes verantwortlich machen und ihn verurteilen könnten. Diese Angst verstärkt sein Gefühl der Isolation und Unsicherheit.
- **Verzweiflung und Hilflosigkeit:** Die Ohnmacht, die er empfindet, weil er die Situation nicht rückgängig machen kann, führt zu tiefer Verzweiflung. Er fühlt sich hilflos und sieht keinen Weg, das Geschehene zu ändern oder zu verbessern.
- **Suche nach Vergebung und Verständnis:** Der Junge sehnt sich nach Vergebung und Verständnis von den Eltern des verstorbenen Freundes und von seiner eigenen Familie. Er hofft, dass sie erkennen, dass es ein Unfall war und er keine bösen Absichten hatte.
- **Langer Weg zur Verarbeitung und Heilung:** Der Prozess der Verarbeitung dieses Traumas wird lange dauern. Der Junge wird Unterstützung benötigen, um mit seinen Gefühlen umzugehen und zu lernen, sich selbst zu vergeben. Therapie und Gespräche mit einfühlsamen Erwachsenen können ihm helfen, diesen schweren Weg zu beschreiten.

7.10.5 Emotionen von Eltern eines tödlich verunglückten Kindes

Die Eltern erleben eine Vielzahl intensiver und schmerzhafter Emotionen.

Diese können umfassen:

- **Unglaublicher Schmerz und Trauer:** Die Eltern empfinden tiefen, überwältigenden Schmerz und Trauer über den Verlust ihres Kindes. Der Tod ihres Kindes ist für sie ein schrecklicher und unvorstellbarer Verlust.
- **Schock und Ungläubigkeit:** Der plötzliche und unerwartete Tod ihres Kindes versetzt die Eltern in einen Zustand des Schocks und Unglaubens. Sie können nicht fassen, dass ihr Kind nicht mehr lebt und dass das Leben, wie sie es kannten, sich für immer verändert hat.
- **Wut und Zorn:** Die Eltern können starke Wut empfinden. Diese Wut kann gegen das überlebende Kind gerichtet sein, das den Unfall verursacht hat, obwohl sie wissen, dass es keine böse Absicht war. Sie können auch wütend auf sich selbst oder andere sein, weil sie nicht da waren, um den Unfall zu verhindern.
- **Schuldgefühle und Selbstvorwürfe:** Die Eltern fragen sich möglicherweise, ob sie etwas hätten tun können, um den Unfall zu verhindern. Sie machen sich vielleicht Vorwürfe und fühlen sich schuldig, weil sie glauben, ihre Aufsichtspflicht vernachlässigt zu haben.
- **Verzweiflung und Hilflosigkeit:** Der Verlust ihres Kindes hinterlässt die Eltern in einem Zustand der Verzweiflung und Hilflosigkeit. Sie fühlen sich machtlos, weil sie das Geschehene nicht rückgängig machen können und müssen lernen, mit dieser Realität zu leben.
- **Angst vor der Zukunft:** Die Eltern haben Angst vor einer Zukunft ohne ihr Kind. Sie sorgen sich darum, wie sie weiterleben sollen und wie ihr Leben nun aussehen wird. Die Ungewissheit und die Angst vor weiteren Verlusten können überwältigend sein.
- **Suche nach Erklärungen und Ursachen:** In ihrem Schmerz suchen die Eltern möglicherweise nach Erklärungen oder Ursachen für den Unfall. Sie verspüren oft das Bedürfnis, jemanden verantwortlich zu machen, auch wenn es sich um einen tragischen Unfall handelt.
- **Bedürfnis nach Unterstützung und Trost:** Die Eltern sehnen sich nach Unterstützung und Trost von ihrer Familie, Freunden und der Gemeinschaft. Sie brauchen Menschen, die ihnen zuhören, Mitgefühl zeigen und ihnen beistehen, ohne zu urteilen.

Langfristige Trauerbewältigung

Der Trauerprozess der Eltern wird lange andauern. Sie werden möglicherweise nie vollständig über den Verlust hinwegkommen, aber mit der Zeit können sie lernen, mit ihrem Schmerz zu leben und einen neuen Sinn im Leben zu finden. Unterstützung durch Trauerbegleiter oder Therapeuten kann ihnen helfen, diesen Weg zu bewältigen.

Dieses Beispiel zeigt die tiefen und komplexen Emotionen, die Eltern durchleben, wenn sie ein Kind durch einen tragischen Unfall verlieren. Es ist entscheidend, dass sie in dieser schwierigen Zeit Verständnis, Mitgefühl und Unterstützung erhalten, um mit ihrem Verlust fertig zu werden.

> Unfälle sind oft unvorhersehbare, tragische Ereignisse. Während die Familien der Opfer Unterstützung und Mitgefühl benötigen, dürfen wir nicht vergessen, dass auch die Verursacher leiden. Sie müssen mit ihren Schuldgefühlen weiterleben, oft mit wenig Verständnis oder Unterstützung von außen.
> Denke darüber nach, dass auch der Unfallverursacher leidet. Begegne auch ihm mit Mitgefühl. Er braucht es so sehr, um mit seiner Schuld weiterleben zu können.

7.11 Tod eines Mitschülers

Matteos Klasse hat einen Mitschüler verloren, der bei einem Schwimmbadbesuch ertrunken ist. Matteo (10 Jahre) ist verängstigt und verstört von der plötzlichen Abwesenheit seines Freundes. Er hat Albträume und kann nicht verstehen, warum so etwas Schreckliches passieren musste. Er braucht viel Geduld und Erklärungen von Lehrern und Eltern, um den Tod seines Mitschülers zu verarbeiten und seine Ängste zu überwinden.

In einer solch schwierigen Zeit ist es entscheidend, Matteo mit Mitgefühl und Sensibilität zu unterstützen, während er versucht, den Verlust seines Freundes zu begreifen. Die Lehrerin spielt eine zentrale Rolle in diesem Prozess, da sie eine vertraute und respektierte Figur in Matteos Alltag ist.

Hier sind einige Wege, wie sie ihm und der gesamten Klasse helfen kann:

In der Schule

- **Einfühlsame Kommunikation:** Die Lehrerin spricht behutsam und offen mit der Klasse über den Verlust. Sie kann eine Stunde oder einen besonderen Moment des Gedenkens einrichten, um gemeinsam über den verstorbenen Mitschüler zu sprechen. Hier können die Schüler Erinnerungen teilen, Gedichte vorlesen oder Bilder malen. Dies hilft, die Trauer zu verarbeiten und das Gemeinschaftsgefühl zu stärken.

- **Professionelle Unterstützung:** Ein Schulpsychologe oder Trauerbegleiter kann eingeladen werden, um mit der Klasse zu sprechen. Diese Fachleute zeigen den Kindern, wie sie mit ihrer Trauer umgehen können und bieten emotionale Unterstützung. Sie können auch Einzelgespräche oder Gruppensitzungen anbieten, um den Kindern zu helfen, ihre Gefühle zu verarbeiten und Strategien zu entwickeln, mit ihrer Trauer umzugehen.

- **Regelmäßige Gespräche:** Die Lehrerin spricht regelmäßig mit Matteo und anderen betroffenen Schülern, um zu sehen, wie es ihnen geht. Diese Gespräche helfen den Kindern, ihre Gefühle zu äußern und sich verstanden zu fühlen.

- **Rituale und Erinnerungen:** Rituale helfen, mit Trauer umzugehen. Die Klasse kann einen Gedenktag oder eine Gedenkecke im Klassenzimmer einrichten, wo Schüler Briefe, Zeichnungen oder Erinnerungsstücke hinterlassen können. Diese Rituale geben den Schülern einen Ort und eine Zeit, um ihre Gefühle zu verarbeiten.

Zu Hause

- **Offene Gespräche:** Eltern ermutigen Matteo, über seine Gefühle zu sprechen, ohne ihn zu drängen. Sie können ihm helfen, indem sie selbst offen über ihre eigenen Gefühle sprechen und zeigen, dass es in Ordnung ist, traurig oder verwirrt zu sein.

- **Sicherer Raum:** Matteo braucht zu Hause einen sicheren Raum, in dem er sich wohl und geborgen fühlt. Dies kann ein Lieblingsplatz in seinem Zimmer sein oder eine gemütliche Ecke, in die er sich zurückziehen kann, wenn er es braucht.

- **Kontinuierliche Unterstützung:** Die Eltern sind darauf vorbereitet, dass die Trauer in Wellen kommen kann und dass Matteo möglicherweise auch nach Wochen oder Monaten noch Unterstützung benötigt. Kontinuierliche Gespräche und liebevolle Zuwendung sind entscheidend.

- **Professionelle Hilfe in Anspruch nehmen:** Wenn Matteo anhaltende Albträume oder starke Ängste hat, denken die Eltern darüber nach, professionelle Hilfe in Anspruch zu nehmen. Ein Kinderpsychologe kann spezielle Unterstützung bieten und Matteo helfen, seine Ängste zu überwinden.

Unterstützung der gesamten Klasse

- **Gemeinschaft stärken:** Gemeinsame Aktivitäten, die das Gemeinschaftsgefühl stärken, sind wichtig. Dies können Gruppenprojekte, Ausflüge oder gemeinsame kreative Projekte sein. Diese Aktivitäten helfen den Schülern, sich gegenseitig zu unterstützen und ihre Freundschaften zu stärken.

- **Trauergruppen:** Eine Trauergruppe in der Schule, in der Schüler regelmäßig zusammenkommen können, um über ihre Gefühle zu sprechen, kann hilfreich sein. Diese Gruppen können von einem Schulpsychologen oder einem Lehrer geleitet werden und bieten einen sicheren Raum für den Austausch.

- **Informationsabende für Eltern:** Informationsabende für Eltern, bei denen der Schulpsychologe oder der Trauerbegleiter über den Umgang mit Kindertrauer sprechen, sind ebenfalls sinnvoll. Diese Abende helfen den Eltern, besser zu verstehen, wie sie ihre Kinder unterstützen können.

Langfristige Unterstützung

- **Anhaltende Beobachtung:** Sowohl Lehrer als auch Eltern beobachten Matteo und die anderen Schüler über einen längeren Zeitraum, um sicherzustellen, dass sie den Verlust gut verarbeiten. Veränderungen im Verhalten, in der Leistung oder im sozialen Umgang werden ernst genommen und besprochen.
- **Stärkung der emotionalen Stärke:** Aktivitäten, die die emotionale Stärke der Kinder fördern, sind langfristig hilfreich. Dies kann durch Achtsamkeitsübungen, sportliche Aktivitäten oder kreative Workshops geschehen, die den Kindern helfen, positive Wege zu finden, um mit ihren Gefühlen umzugehen.
- **Schwimmschule:** Um den Kindern die Angst vor dem Wasser zu nehmen und sie sicherer zu machen, kann die Schule eine Projektwoche in einer Schwimmschule organisieren. Dort können die Kinder unter Anleitung von erfahrenen Schwimmlehrern lernen, wie man sicher schwimmt und was man in Notfällen tun kann. Dies gibt den Kindern nicht nur praktische Fähigkeiten, sondern auch Selbstvertrauen im Umgang mit Wasser. Während der Projektwoche können auch Workshops zum Thema Sicherheit im und am Wasser angeboten werden. Den Kindern wird gezeigt, wie sie sich in Notfällen verhalten sollen und wie sie anderen helfen können, ohne sich selbst in Gefahr zu bringen.

Durch eine einfühlsame und kontinuierliche Unterstützung von Lehrern, Eltern und Schulpsychologen oder Trauerbegleitern kann Matteo lernen, mit dem Verlust seines Freundes umzugehen und seine Ängste zu überwinden. Es ist ein gemeinsamer Weg, der Geduld, Liebe und Verständnis erfordert, aber es ist auch ein Weg, der Matteo und seine Klassenkameraden stärkt und ihnen hilft, als Gemeinschaft zusammenzuwachsen.

7.12 Verlust einer Bezugsperson außerhalb der Familie (eines Kindergärtners, Lehrers oder Mentors)

Der Verlust einer Bezugsperson außerhalb der Familie, insbesondere einer Kindergärtnerin, eines Lehrers oder eines Mentors, kann für eine Schulklasse / Kindergartengruppe äußerst herausfordernd sein. Es ist wichtig, dass die Schüler und Kindergartenkinder in dieser schwierigen Zeit angemessen begleitet werden, damit sie Raum für ihre Trauer haben und Unterstützung finden, um mit ihren Emotionen umzugehen.

Kindergarten

Der Verlust eines Kindergärtners kann für eine Kindergartengruppe besonders herausfordernd sein, da kleine Kinder oft noch nicht über die Fähigkeit verfügen, ihre Emotionen vollständig zu verstehen oder auszudrücken.

Hier sind einige einfühlsame Möglichkeiten, wie mit einer Kindergartengruppe nach dem Tod eines Kindergärtners umgegangen werden kann:

1. **Einfache Erklärungen:** Die Kinder brauchen altersgerechte und einfache Erklärungen darüber, was passiert ist. Es ist wichtig, dass die Informationen klar und direkt vermittelt werden, ohne dabei zu viele Details zu verwenden, die die Kinder überfordern könnten.

2. **Verfügbarkeit von Vertrauenspersonen:** Die Kinder müssen wissen, dass sie mit ihren Fragen und Gefühlen zu den Erziehern oder Eltern gehen können. Und dass es in Ordnung ist, wenn sie über ihre Emotionen sprechen – dass sie Unterstützung erhalten, wenn sie diese benötigen.

3. **Rituale zur Trauerbewältigung:** In der Kindergartengruppe können einfache Rituale zur Trauerbewältigung eingeführt werden, die den Kindern helfen, den Verlust zu verstehen und ihre Gefühle auszudrücken; z.B. können die Kinder gemeinsam ein Bild malen oder ein Gedicht über ihren Kindergärtner schreiben. Diese Aktivitäten können den Kindern helfen, ihre Emotionen zu verarbeiten und ihre Erinnerungen zu teilen.

4. **Stabilität und Routine bewahren:** Es ist wichtig, dass trotz des Verlustes eine gewisse Stabilität und Routine in der Kindergartengruppe beibehalten wird. Die Kinder sollten weiterhin ihre gewohnten Aktivitäten und Rituale haben, die ihnen Sicherheit und Vertrautheit bieten.

5. **Bücher und Geschichten über den Tod:** Es können altersgerechte Bücher und Geschichten über den Tod vorgelesen werden, um den Kindern dabei zu helfen, das Konzept des Todes besser zu verstehen. Diese Geschichten können den Kindern auch dabei helfen, zu erkennen, dass es normal ist, traurig zu sein und dass sie nicht alleine sind mit ihren Gefühlen.

6. **Erinnerungsstücke und Fotos:** In der Kindergartengruppe können Erinnerungsstücke und Fotos des verstorbenen Kindergärtners platziert werden.

7. **Gemeinsame Aktivitäten zur Erinnerung:** Die Kindergartengruppe kann gemeinsame Aktivitäten durchführen, um an ihren Kindergärtner zu erinnern; z.B. können sie gemeinsam ein Lied singen, das der Kindergärtner mochte, oder Blumen pflanzen, um ihm zu gedenken.

Indem diese einfühlsamen Maßnahmen umgesetzt werden, können Kindergartengruppen dabei unterstützt werden, den Verlust ihres Kindergärtners zu verarbeiten und ihre Trauer auszudrücken. Es ist wichtig, dass die Kinder wissen, dass sie nicht alleine sind und dass sie Unterstützung und Trost in ihrer Kindergartengruppe finden können.

Beisetzung / Beerdigung des Kindergärtners:
Die Beisetzung eines Kindergärtners ist eine wichtige Gelegenheit für die Kinder, Abschied zu nehmen und ihre Trauer auszudrücken. Es ist jedoch wichtig, dass diese Erfahrung für sie einfühlsam und angemessen gestaltet wird.

Hier sind einige Schritte und Überlegungen, die bei der Beisetzung eines Kindergärtners für die Kinder beachtet werden sollten:

1. **Vorbereitung und Information:** Die Kinder sollten im Voraus darüber informiert werden, dass es eine Beisetzung geben wird, und darüber, was sie während der Beisetzung erwarten können. Dies kann dazu beitragen, Ängste und Unsicherheiten zu reduzieren.

2. **Auswahl von geeigneten Ritualen:** Die Beisetzung sollte kindgerechte Rituale beinhalten, die den Kindern helfen, ihre Trauer auszudrücken und Abschied zu nehmen; z.B. können die Kinder Blumen auf das Grab legen, eine Kerze anzünden oder ein Lied singen, das sie mit ihrem Kindergärtner gerne gemeinsam gesungen haben.

3. **Unterstützung durch vertraute Erwachsene:** Die Kinder sollten während der Beisetzung von vertrauten Erwachsenen begleitet werden, die sie unterstützen und trösten können, falls sie emotional werden.

4. **Raum für Emotionen:** Es ist wichtig, den Kindern Raum zu geben, um ihre Emotionen während der Beisetzung auszudrücken. Dies kann bedeuten, dass sie weinen, Fragen stellen oder sich zurückziehen möchten. Die Erwachsenen sollten geduldig sein und den Kindern erlauben, ihre Gefühle auf ihre eigene Weise zu verarbeiten.

5. **Gemeinsame Erinnerungen teilen:** Die Kinder sollten die Gelegenheit haben, sich während der Beisetzung an positive Erlebnisse mit ihrem Kindergärtner zu erinnern und diese mit anderen zu teilen. Dies kann ihnen helfen, Trost zu finden und das Vermächtnis ihres Kindergärtners zu ehren.

6. **Nachbetreuung und Unterstützung:** Nach der Beisetzung sollten die Kinder die Möglichkeit haben, über ihre Erfahrungen zu sprechen und weitere Unterstützung zu erhalten, wenn sie diese benötigen. Dies kann bedeuten, dass sie mit einem Trauerbegleiter sprechen, der in den Kindergarten kommt oder an speziellen Trauergruppen teilnehmen.

Es ist wichtig, dass die Beisetzung eines Kindergärtners einfühlsam und kindgerecht gestaltet wird, um den Kindern zu helfen, den Verlust zu verarbeiten und Abschied zu nehmen.

> **WICHTIG:** Wenn Rituale, Lieder, etc. bei der Trauerfeier des Kindergärtners durchgeführt werden sollte, bitte vorher mit den Angehörigen des Kindergärtners besprechen, ob die Durchführung für die Trauerfeier/Beerdigung oder Beisetzung gewünscht ist.

Schulklassen:

Vorschläge, wie eine Schulklasse von der Nachricht des Todes eines Lehrers/ Mentors bis zur Beerdigung/Beisetzung begleitet werden kann:

1. **Bekanntgabe der Nachricht:** Die Nachricht des Todes sollte von einer vertrauenswürdigen Person wie der Schulleitung oder einem Schulpsychologen überbracht werden. Es ist wichtig, dass die Informationen klar und einfühlsam vermittelt werden. Fragen der Schüler sollten offen und ehrlich beantwortet werden.

2. **Schaffung eines sicheren Raums:** Nach Bekanntgabe der traurigen Nachricht sollten die Schüler die Möglichkeit haben, ihre Gefühle zu teilen und Fragen zu stellen. Der Klassenraum sollte zu einem sicheren und unterstützenden Ort werden, in dem Trauer ausgedrückt werden kann.

3. **Gemeinsames Erinnern:** Es kann hilfreich sein, sich gemeinsam an positive Erinnerungen und Erfahrungen mit dem verstorbenen Lehrer zu erinnern. Dies kann den Schülern helfen, den Verlust zu verarbeiten und ihre Trauer auszudrücken.

4. **Rituale im Klassenraum:** Rituale können helfen, die Trauer zu bewältigen und ein Gefühl der Verbundenheit in der Klasse zu fördern; z.B. können Kerzen angezündet werden, um an den verstorbenen Lehrer zu erinnern, oder die Schüler können gemeinsam Gedichte oder Briefe verfassen, um ihre Gefühle auszudrücken.

5. **Unterstützung durch Fachkräfte:** Die Schule sollte sicherstellen, dass den Schülern professionelle Unterstützung durch Schulpsychologen, Trauerbegleiter oder Sozialarbeiter angeboten wird. Diese Fachkräfte können individuelle Unterstützung anbieten und den Schülern helfen, mit ihrer Trauer umzugehen.

6. **Vorbereitung auf die Trauerfeier:** Die Schüler sollten auf die Trauerfeier vorbereitet werden, indem sie über den Ablauf informiert werden und die Möglichkeit haben, sich zu verabschieden (dies mit den Angehörigen des Lehrers besprechen, ob dies während der Abschiednahme/Beerdigung/Trauerfeier gewünscht ist). Es kann hilfreich sein, wenn die Klasse gemeinsam einen Beitrag zur Trauerfeier leistet, z.B. durch das Lesen von Gedichten oder das Vorbereiten von Erinnerungsstücken.

Bei der Trauerfeier ist es wichtig, dass die Schüler die Möglichkeit haben, sich zu verabschieden und ihre Gefühle auszudrücken.

Vorschläge für Rituale, die während der Trauerfeier angewendet werden können:

1. **Gedenkreden:** Freunde, Familie oder Kollegen können Gedenkreden halten, um an das Leben und das Vermächtnis des Verstorbenen zu erinnern.

2. **Musik:** Musik kann eine tröstliche und emotionale Rolle bei der Trauerfeier spielen. Traurige Lieder können die Trauer ausdrücken, während beruhigende Musik Trost spenden kann.

3. **Gemeinsames Gebet:** Gemeinsame Gebete oder Momente der Stille können den Schülern helfen, Trost zu finden.

4. **Blumen und Erinnerungsstücke:** Die Schüler können Blumen, Gesteck, Kranz mit Schleife oder persönliche Erinnerungsstücke für den verstorbenen Lehrer mitbringen, um ihre Wertschätzung ihm gegenüber auszudrücken.

5. **Abschiedsrituale:** Abschiedsrituale wie das Legen von Blumen auf den Sarg oder das Entzünden von Kerzen können den Schülern helfen, sich von dem Lehrer zu verabschieden.

Insgesamt ist es wichtig, dass die Schüler während des gesamten Prozesses der Trauerbegleitung unterstützt und begleitet werden, damit sie den Verlust verarbeiten können.

**Weitere mögliche Rituale, die speziell für eine Klasse,
die einen Lehrer verloren hat, organisiert werden können:**

1. **Gemeinsames Erstellen eines Erinnerungsalbums:** Die Klasse kann gemeinsam ein Erinnerungsalbum für den verstorbenen Lehrer gestalten. Jeder Schüler kann eine Seite gestalten, auf der sie Erinnerungen, Gedichte, Zeichnungen oder persönliche Botschaften teilen. Das Album kann dann der Familie des Lehrers überreicht werden.

2. **Leerer Stuhl als Erinnerung:** In der Klasse kann ein leerer Stuhl als Erinnerung an den verstorbenen Lehrer platziert werden. Dieser Stuhl kann mit einem Bild des Lehrers, Blumen oder persönlichen Gegenständen geschmückt werden. Dies dient als physische Erinnerung und kann den Schülern helfen, den Lehrer in ihren Herzen und Gedanken zu behalten.

3. **Gemeinsames Schreiben von Briefen oder Gedichten:** Die Schüler können gemeinsam Briefe oder Gedichte an den verstorbenen Lehrer schreiben, in denen sie ihre Dankbarkeit, Erinnerungen und Wertschätzung ausdrücken. Diese Briefe können gesammelt und als Teil eines Gedenkrituals vorgelesen werden. An der Beerdigung können diese als Grabnachwurf ins Grab beigelegt werden.

4. **Klassenprojekt zur Ehren des Lehrers:** Die Klasse kann ein besonderes Projekt durchführen, um an ihren verstorbenen Lehrer zu gedenken. Dies kann ein gemeinnütziges Projekt, eine Spendenaktion, ein Theaterstück oder eine Kunstausstellung sein, die dem Lehrer gewidmet ist und seine Leidenschaften und Werte reflektiert.

5. **Gemeinsames Tagebuch führen:** Die Schüler können ein gemeinsames Tagebuch führen, in dem sie regelmäßig ihre Gedanken, Gefühle und Erinnerungen an den Lehrer festhalten. Dieses Tagebuch kann als Ort der gemeinsamen Trauer und des Austausches dienen, in dem die Schüler Trost finden und sich gegenseitig unterstützen können.

6. **Gedenkveranstaltung in der Klasse:** Die Klasse kann eine spezielle Gedenkveranstaltung organisieren, bei der Schüler, Lehrkräfte und Eltern zusammenkommen, um gemeinsam zu trauern und sich zu erinnern. Dies kann eine Gelegenheit bieten, Geschichten über den Lehrer zu teilen, gemeinsam zu singen oder Musik zu hören, die der Lehrer mochte.

7. **Gedenkwand oder -ecke im Klassenzimmer:** Eine spezielle Ecke im Klassenzimmer kann eingerichtet werden, um an den verlorenen Lehrer zu erinnern. Dort können Fotos, Gedichte, Zeichnungen oder Erinnerungsstücke platziert werden, die von den Schülern erstellt wurden.

8. **Gedenkbuch:** Ein Gedenkbuch kann in der Schule platziert werden, in das sich Schüler, Lehrkräfte, Eltern und andere Mitglieder der Schulgemeinschaft eintragen können, um ihre Gedanken, Erinnerungen und Beileidsbekundungen zu teilen. Das Buch kann im Eingangsflur oder einem zentralen Bereich der Schule aufgestellt werden, damit es von allen gesehen und genutzt werden kann.

9. **Gemeinsame Gedenkminute:** Die Klasse beginnt den Tag mit einer Gedenkminute für den verstorbenen Lehrer. Alle Schüler können sich für einen Moment in der Stille versammeln, um an ihren Lehrer zu denken.

10. **Trauerkreis:** Bei regelmäßigen Trauerkreisen können Schüler zusammenkommen, über ihre Gefühle sprechen und sich gegenseitig unterstützen. Dadurch haben die Schüler die Möglichkeit, ihre Gedanken und Erinnerungen zu teilen, während die anderen Schüler respektvoll zuhören und vielleicht erkennen, das sie mit ihren Emotionen und Gefühlen nicht alleine sind.

11. **Ritual der Dankbarkeit:** Bitte die Schüler, gemeinsam eine Liste von Dingen zu erstellen, für die sie dankbar sind, das ihr verstorbener Lehrer ihnen beigebracht oder gezeigt hat. Dies bietet die Möglichkeit gemeinsam zu trauern.

Durch die Durchführung solcher Rituale kann die Klasse gemeinsam trauern, sich unterstützen und ihrem verstorbenen Lehrer gedenken. Es ist wichtig, dass die Schüler Raum haben, um ihre Gefühle auszudrücken und sich gegenseitig zu stützen, während sie durch den Trauerprozess gehen.

7.13 Umgang mit Trauer als Freund der Familie

Hilfe zur Selbstunterstützung

Der Verlust eines geliebten Menschen ist für jeden schwer und als Freund der Familie kann die Trauer genauso tief empfunden werden, auch wenn man nicht zur engsten Familie gehört. Vielleicht fühlst du, dass du keine therapeutische Unterstützung benötigst, aber dennoch Schwierigkeiten hast, mit deinen Emotionen umzugehen.

Hier sind einige Wege, wie du dich selbst unterstützen und gleichzeitig der Familie beistehen kannst:

Fallbeispiel: Thomas und die Familie Müller

Stellen wir uns vor, du bist Thomas, ein guter Freund der Familie Müller.
Herr Müller ist kürzlich verstorben und du warst ihm sehr nah. Du möchtest deiner Trauer Raum geben und der Familie in dieser schweren Zeit beistehen.

1. **Achtsamkeit und Spaziergang**
   - **Spaziergang:** Genieße die frische Luft in deinen Lungen. Körperliche Bewegung tut deinem Geist gut.
   - **Achtsamkeit im Alltag:** Lebe bewusst im Moment. Sei dir deiner Handlungen bewusst, ob du gehst, isst oder einfach nur sitzt. Diese Achtsamkeit kann dir helfen, deine Gefühle besser zu verstehen und zu akzeptieren.

2. **Selbstreflexion und Schreiben**
   - **Tagebuch führen:** Schreibe regelmäßig deine Gedanken und Gefühle in ein Tagebuch. Dies kann eine therapeutische Wirkung haben und dir helfen, deine Emotionen zu verarbeiten.
   - **Briefe schreiben:** Schreibe einen Brief an den Verstorbenen. Teile deine Erinnerungen, deine Dankbarkeit und deine Trauer. Das Schreiben selbst kann sehr heilend sein, selbst wenn du den Brief nicht abschickst.

3. **Kreative Ausdrucksformen**
   - **Kunst und Musik:** Beschäftige dich mit kreativen Aktivitäten wie Malen, Zeichnen oder Musizieren. Diese können dir helfen, deine Gefühle auf eine nonverbale Weise auszudrücken und Trost zu finden.

- **Kurse und Workshops:** Besuche Kurse, die dir Freude bereiten und dich ablenken. Dalmanuta-Kurse können eine Option sein, wenn du Interesse an spirituellen und meditativen Techniken hast.

4. Aktive Unterstützung der Familie

- **Praktische Hilfe:** Biete der Familie praktische Unterstützung an, wie Einkäufe erledigen, Mahlzeiten kochen oder bei organisatorischen Aufgaben helfen. Dies zeigt deine Anteilnahme und kann der Familie eine große Erleichterung sein.

- **Gemeinsame Zeit:** Verbringe Zeit mit der Familie, ohne sie zu bedrängen. Deine Anwesenheit und die Bereitschaft zuzuhören, können das Beste sein, was du bieten kannst.

5. Selbstfürsorge

- **Gesunde Lebensweise:** Achte darauf, gut zu essen, ausreichend zu schlafen und regelmäßig Sport zu treiben. Körperliche Gesundheit ist eng mit emotionaler Gesundheit verbunden.

- **Ruhephasen:** Gönne dir selbst Ruhe und Erholung. Überanstrenge dich nicht und erlaube dir, Pausen einzulegen und Dinge zu tun, die dir Freude bereiten.

6. Spiritualität und Glaube

- **Gebet und Rituale:** Wenn du religiös oder spirituell bist, können Gebete oder Rituale dir Trost spenden. Sie bieten einen Rahmen, um deine Trauer auszudrücken und gleichzeitig Hoffnung und Trost zu finden.

- **Besuche von Gedenkstätten:** Besuche den Ort, an dem der Verstorbene bestattet wurde, oder einen anderen Ort, der dir Frieden bringt. Diese Besuche können dir helfen, dich mit deinem Verlust auseinanderzusetzen und einen Ort für deine Trauer zu haben.

Jeder Mensch trauert auf seine eigene Weise, und es gibt kein „richtig" oder „falsch" im Umgang mit Verlust. Wichtig ist, dass du dir selbst erlaubst, deine Gefühle zu spüren und auf dich zu achten, während du auch für andere da bist.

7.14 Der Schmerz der Ausgegrenzten
Wege zur Akzeptanz und Bewältigung

Du hast gerade einen geliebten Menschen verloren, und das ist schwer zu ertragen. Doch zusätzlich wirst du von deiner eigenen Familie oder deinem Freundeskreis ausgeschlossen, was den Schmerz noch unerträglicher macht. Du darfst keinen Abschied von dem Verstorbenen nehmen und nicht an der Beerdigung oder Beisetzung teilnehmen. Diese Ablehnung trifft dich tief ins Herz. Du fühlst dich isoliert, verletzt und ungerecht behandelt. Es ist, als ob dir ein Teil deines eigenen Trauerprozesses genommen wird.

In solchen Momenten ist es wichtig, dass du Wege findest, um mit deinem Verlust umzugehen und Frieden mit der Situation zu schließen. Auch wenn du nicht physisch anwesend sein kannst, gibt es Möglichkeiten, wie du deinen Trauerweg gehen kannst.

Beginne damit, dir Zeit und Raum zu geben, um deinen Gefühlen Ausdruck zu verleihen. Es ist vollkommen in Ordnung, traurig, wütend oder enttäuscht zu sein. Schreibe deine Gedanken und Gefühle in einem Tagebuch auf, um sie zu ordnen.

Ein weiteres hilfreiches Ritual ist das Abhalten einer kleinen privaten Gedenkfeier. Du kannst ein Foto des Verstorbenen aufstellen, Kerzen anzünden und vielleicht ein paar persönliche Worte oder Gedichte vortragen. Dieses Ritual kann dir helfen, dich symbolisch zu verabschieden und den Verstorbenen in deinem Herzen zu ehren.

Das Schreiben eines Abschiedsbriefes, den du dann vielleicht an einem besonderen Ort verbrennst oder vergräbst, kann ebenfalls eine starke heilende Wirkung haben. Dieser Brief kann all das enthalten, was du dem Verstorbenen noch sagen wolltest, und dir so helfen, einen Abschluss zu finden.

Eine weitere tiefgehende Methode kann das Ritual des Gedankensteins sein. Suche dir einen besonderen Stein, der dich anspricht und der für dich symbolisch für deinen Schmerz und deine Erinnerungen steht. Halte den Stein fest und denke intensiv an den Verstorbenen, an alles, was du ihm sagen möchtest, und an all die Gefühle, die du hast. Wenn du bereit bist, wirf den Stein in ein Gewässer. Sieh dabei zu, wie die Wellen die Energie des Steins aufnehmen und weitertragen.

Dieses Symbol des Loslassens kann dir helfen, etwas von deinem Schmerz und deiner Last abzugeben.

Die Akzeptanz dieser Situation ist ein weiterer wichtiger Schritt. Es ist schwer zu akzeptieren, dass du ausgeschlossen wurdest. Aber zu verstehen, dass du die Handlungen und Entscheidungen anderer nicht kontrollieren kannst, kann dir helfen, inneren Frieden zu finden. Akzeptanz bedeutet nicht, dass du das Verhalten gutheißen musst, sondern dass du es als Teil deiner Realität anerkennst und lernst, damit umzugehen.

Wenn du das Gefühl hast, dass du dem Verstorbenen etwas schuldig geblieben bist oder ihm die letzte Ehre nicht erweisen kannst, ist es wichtig, einen Weg zu finden, um diese Schuldgefühle zu verarbeiten. Überlege, was du in seinem Gedenken tun kannst. Vielleicht gibt es eine gemeinnützige Organisation, die er geschätzt hat, an die du spenden kannst, oder du kannst ein Projekt in Angriff nehmen, das ihm wichtig war. Auch das Erzählen seiner Geschichten und das Erinnern an seine Taten und Werte können dir helfen, das Gefühl der Schuld in etwas Positives umzuwandeln. Indem du sein Andenken in Ehren hältst und in deinem Leben weiterträgst, kannst du einen Weg finden, ihm auf deine Weise die letzte Ehre zu erweisen.

Wenn eine Versöhnung mit den anderen Angehörigen nicht möglich ist, ist es umso wichtiger, dass du für dich selbst Wege findest, um deinen Frieden zu schließen.

Hier sind einige Schritte, die dir dabei helfen können:

- **Selbstfürsorge:** Achte besonders gut auf dich selbst. Ernähre dich gesund, bewege dich regelmäßig und sorge für ausreichend Schlaf. Diese körperlichen Aspekte können dir helfen, emotional stabiler zu werden.
- **Professionelle Unterstützung:** Überlege, ob du therapeutische Hilfe in Anspruch nimmst. Ein Therapeut kann dich dabei unterstützen, deine Gefühle zu verarbeiten und Strategien zu entwickeln, wie du mit der Ausgrenzung umgehen kannst.
- **Erinnerungen bewahren:** Erstelle ein Erinnerungsalbum oder eine Gedenkstätte zu Hause. Sammle Fotos, Geschichten und Erinnerungsstücke, die dich an den Verstorbenen erinnern. Dies kann dir helfen, eine Verbindung zu bewahren, auch wenn du nicht an der Beerdigung teilnehmen konntest.
- **Neue Rituale schaffen:** Finde eigene Wege, um den Verstorbenen zu ehren. Das kann ein jährliches Ritual an seinem Geburtstag oder Todestag sein, bei dem du eine Kerze anzündest, einen Spaziergang an einem besonderen Ort machst oder eine Tätigkeit ausführst, die der Verstorbene geliebt hat.
- **Unterstützungsnetzwerk aufbauen:** Suche Unterstützung bei Freunden, anderen Familienmitgliedern oder Selbsthilfegruppen, die ähnliche Erfahrungen gemacht haben. Der Austausch mit anderen kann dir Trost und neue Perspektiven geben.

Kommunikation ist der Schlüssel. Vielleicht kann ein Vermittler helfen, ein Gespräch zwischen dir und den anderen Angehörigen zu ermöglichen. In einem ruhigen und respektvollen Dialog können Missverständnisse geklärt und Wege gefunden werden, um zumindest einen Teil des Trauerprozesses gemeinsam zu begehen.

Sollte eine Versöhnung aber dauerhaft nicht möglich sein, ist es wichtig, dass du lernst, die Situation zu akzeptieren, wie sie ist, und deinen eigenen Weg der Trauer und Heilung findest. Akzeptanz bedeutet, Frieden mit dem zu schließen, was du nicht ändern kannst, und deinen eigenen Weg nach vorne zu gehen, während du die Erinnerungen an den Verstorbenen in deinem Herzen bewahrst.

7.14.1 Du schließt eine Person aus. – Warum?

Es ist wichtig, Abschied nehmen zu dürfen. Der Verlust eines geliebten Menschen ist ein tiefer Einschnitt, und der Abschied ist ein einmaliger Moment, der nie wiederholt werden kann. Doch was würdest du tun, wenn du ausgeschlossen wurdest? Wenn dir die Möglichkeit genommen wird, deinem geliebten Verstorbenen die letzte Ehre zu erweisen, um dich von ihm zu verabschieden?

Wenn du jemanden ausschließt, solltest du dir die Frage stellen, warum du das tust. Geht es dabei um deine eigenen Motive oder möchtest du den Verstorbenen schützen? Oftmals liegen solchen Entscheidungen tiefe Verletzungen, Missverständnisse oder ungelöste Konflikte zugrunde. Doch es ist wichtig, die Konsequenzen solcher Handlungen zu bedenken. Ein Ausschluss kann tiefe Wunden hinterlassen und den Schmerz des Verlustes für den Ausgeschlossenen erheblich verstärken.

Frage dich, was der Verstorbene gewollt hätte. Hätte er gewünscht, dass jemand ausgeschlossen wird, oder hätte er vielleicht einen versöhnlicheren Weg bevorzugt? Es ist hilfreich, sich in die Lage des Verstorbenen zu versetzen und zu überlegen, was er sich für seine Angehörigen gewünscht hätte. Meistens wünscht sich der Verstorbene Frieden und Zusammenhalt unter seinen Liebsten.

Es gibt auch Möglichkeiten, Kompromisse zu finden, um allen die Möglichkeit zu geben, Abschied zu nehmen, ohne Konflikte zu verschärfen.

Hier sind einige Beispiele:

- **Abschiednahme zu unterschiedlichen Zeiten:** Du kannst eine spezielle Zeit für diejenigen einrichten, die aus bestimmten Gründen nicht an der Hauptzeremonie teilnehmen können. Zum Beispiel könnte es eine separate Abschiednahme am Sarg zu einer anderen Uhrzeit geben.
- **Vermittlung durch einen neutralen Dritten:** Ein neutraler Vermittler kann helfen, ein Gespräch zwischen den zerstrittenen Parteien zu führen. Oft können durch ruhige und respektvolle Kommunikation Missverständnisse geklärt und Wege zur Versöhnung gefunden werden.

- **Brief oder Videobotschaft:** Ermögliche es dem Ausgeschlossenen, einen Brief zu schreiben oder eine Videobotschaft aufzunehmen, die dann bei der Zeremonie vorgelesen oder abgespielt wird. Dies kann ein Weg sein, seine Gefühle und Abschiedsworte auszudrücken, auch wenn er physisch nicht anwesend sein kann.
- **Gemeinsames Ritual:** Finde ein gemeinsames Ritual, das alle Beteiligten einbezieht, ohne dass jemand ausgeschlossen wird. Dies kann das Pflanzen eines Baumes in Gedenken an den Verstorbenen oder das Freilassen von Luftballons mit Nachrichten an den Verstorbenen sein.
- **Erinnerungsstücke teilen:** Verteile kleine Erinnerungsstücke des Verstorbenen, wie Fotos, eine besondere Kerze oder einen Brief, an alle Angehörigen. So können alle auf ihre eigene Weise gedenken und Abschied nehmen.

Indem du offen und verständnisvoll bist, kannst du möglicherweise einen Weg finden, der sowohl die Bedürfnisse des Verstorbenen als auch die der Hinterbliebenen respektiert. Es ist wichtig, die eigenen Motive zu hinterfragen und zu überlegen, ob der Ausschluss wirklich im besten Interesse aller Beteiligten ist oder ob er mehr Schmerz verursacht als verhindert.

Abschiednehmen ist ein wichtiger Teil des Trauerprozesses und hilft den Hinterbliebenen, Frieden zu finden und mit ihrem Verlust umzugehen. Versuche Wege zu finden, die allen Beteiligten die Möglichkeit geben, diesen wichtigen Moment zu erleben. Ein versöhnlicher und respektvoller Umgang kann nicht nur den Schmerz lindern, sondern auch Chance bieten, alte Wunden zu heilen und neuen Frieden zu finden.

8. Rituale

Ein Ritual ist wie eine besondere Art von Gewohnheit oder Tradition, die wir immer wieder machen, weil sie uns hilft, uns zu erinnern oder uns besser zu fühlen. Es ist ein bisschen wie das Anzünden von Kerzen an einem Geburtstag oder das Schmücken des Weihnachtsbaums. Diese Dinge machen wir immer wieder, weil sie uns Freude machen und uns helfen, uns an etwas Wichtiges zu erinnern.

Wenn jemand, den wir sehr gern haben, gestorben ist, fühlen wir uns oft sehr traurig. Ein Ritual kann uns helfen, mit dieser Traurigkeit besser umzugehen und uns zu erinnern, wie wichtig dieser Mensch für uns war. Ein Beispiel für ein solches Ritual ist das Gestalten einer Erinnerungskiste.

Eine Erinnerungskiste ist eine besondere Box, in die wir Dinge legen, die uns an die verstorbene Person erinnern. Das können Fotos, Briefe, kleine Geschenke oder andere Dinge sein, die wir mit dieser Person verbinden. Wenn wir diese Kiste später öffnen, können wir uns an die schönen Momente erinnern, die wir mit dieser Person erlebt haben, und fühlen uns ihr ein bisschen näher.

Solche Rituale sind wichtig, weil sie uns helfen, unsere Gefühle auszudrücken und zu verarbeiten. Sie geben uns auch die Möglichkeit, mit anderen über unsere Erinnerungen und Gefühle zu sprechen, was uns trösten und stärken kann.

8.1 Ein Selbstporträt als Grabbeigabe

Materialien:

1. Ein Sektkorken
2. Filzstifte oder Acrylfarben
3. Klebstoff
4. Schere
5. Optionales Dekorationsmaterial wie Stoffstücke, Wolle oder Glitzer

Deiner Fantasie sind keine Grenzen gesetzt!

Schritte:

1. **Selbstporträt auf dem Korken:** Verwende die Filzstifte oder Acrylfarben, um dich selbst auf den Korken zu malen.
2. **Kleidung und Accessoires:** Male die Kleidung und die Accessoires, die du gerne trägst. Du kannst auch Symbole oder Gegenstände hinzufügen, die eine Bedeutung für dich und die verstorbene Person haben.
3. **Kleber und Dekoration:** Du kannst Klebstoff verwenden, um eventuelle zusätzliche Dekorationen wie Stoffstücke, Wolle oder Glitzer hinzuzufügen.
4. **Abschied nehmen am Grab:** Lege den Korken bei der Beisetzung symbolisch ins Grab, um deine Verbundenheit auszudrücken.

8.2 Abschiedsbrief oder gemaltes Bild auf Reisen schicken

Materialien:

1. Ein kleines Schiffchen aus Baumrinde
   (ein kleines Stück Rinde, zu finden im Wald oder an Wegesrändern)
2. Papier und Stift
3. Garn oder dünnen Faden (optional)
4. Stoff für das Segel (optional)
5. Ein ruhiger See oder Bach

Anleitung:

1. **Vorbereitung:** Finde einen ruhigen Ort am Ufer eines Sees oder Baches, an dem du ungestört bist. Nimm dir Zeit, um dich zu sammeln und in deine Gedanken und Emotionen einzutauchen.

2. **Schreiben des Abschiedsbriefs:** Setze dich hin und nimm Papier und Stift zur Hand. Schreibe einen Brief an den verstorbenen Herzensmenschen, in dem du deine Gefühle, Erinnerungen und ungesagten Worte festhältst. Lass deine Gedanken frei fließen und schreibe, was dir in den Sinn kommt.

Beispiel: „Liebster (Name des Verstorbenen), heute stehe ich am Ufer dieses Sees, um Abschied von dir zu nehmen. Die Erinnerungen an unsere gemeinsame Zeit wärmen mein Herz, während ich diese Zeilen schreibe..."

Ein Kind muss keinen Abschiedsbrief schreiben. Es kann ein Bild malen, etwas basteln, etc.

Der Fantasie sind keine Grenzen gesetzt.

1. **Gestaltung des Schiffchens:** Suche Baumrinde. Wenn du möchtest, kannst du ein kleines Segel aus Stoff basteln und es mit Garn am Schiff befestigen. Verwende deine Kreativität, um das Schiffchen zu gestalten und ihm eine persönliche Note zu verleihen. Das kannst du zuvor schon vorbereiten und das Schiffchen direkt mit zu dem ruhigen Ort am Ufer mitnehmen.

2. **Platzieren des Abschiedsbriefs:** Lege den geschriebenen Brief auf das Schiffchen aus Baumrinde. Wenn du magst, befestige den Brief mit Garn.

3. **Abschiedszeremonie am Ufer:** Trage das Schiffchen zum Ufer des Sees oder Baches. Halte einen Moment inne, um dich zu verabschieden und dich mit dem Herzensmenschen zu verbinden. Wenn du bereit bist, lass das Schiffchen sanft ins Wasser gleiten.

4. **Beobachten des Weges:** Beobachte, wie das Schiffchen langsam davontreibt, getragen von den Wellen des Wassers. Sieh zu, wie es seinen Weg in die Weite des Sees oder Bachs findet, während du dich von ihm verabschiedest.

Abschließende Gedanken: Das Ritual dient dazu, deine Gefühle auszudrücken, deinen Schmerz zu lindern und dich von deinem geliebten Menschen auf eine liebevolle und respektvolle Weise zu verabschieden.

8.3 Erinnerungsschätze: Die Erinnerungskiste

1. **Auswahl der Schachtel:** Die Familie kann gemeinsam eine besondere Schachtel auswählen, die groß genug ist, um verschiedene Erinnerungsstücke aufzubewahren. Die Schachtel kann schlicht oder verziert sein, je nach persönlichem Geschmack und Vorlieben des Verstorbenen.

2. **Sammlung der Erinnerungsstücke:** Jedes Familienmitglied kann dazu eingeladen werden, Gegenstände oder Erinnerungen auszuwählen, die sie mit dem Verstorbenen verbinden. Das können Fotos, Briefe, Gegenstände oder andere persönliche Dinge sein, die eine besondere Bedeutung haben und an gemeinsame Erlebnisse erinnern.

3. **Gemeinsames Gestalten der Schachtel:** Die Familie kann sich zusammenfinden, um die Schachtel zu gestalten. Sie können sie mit Farben, Aufklebern, Fotos oder anderen Dekorationen verzieren, die den Verstorbenen ehren und seine Persönlichkeit widerspiegeln.

4. **Einlegen der Erinnerungsstücke:** Jedes Familienmitglied kann nacheinander seine ausgewählten Erinnerungsstücke in die Schachtel legen und dabei vielleicht eine kurze Geschichte oder Erinnerung teilen, die mit diesem Gegenstand verbunden ist. Dies kann eine emotionale und heilsame Erfahrung sein, um gemeinsam Abschied zu nehmen.

5. **Abschluss und Segen:** Nachdem alle Erinnerungsstücke in die Schachtel gelegt wurden, kann die Familie sich für einen Moment der Stille versammeln, um dem Verstorbenen zu gedenken und Abschied zu nehmen. Ein Gebet, eine Segnung oder ein Moment der Dankbarkeit kann die Zeremonie abschließen.

6. **Aufbewahrung und Pflege der Schachtel:** Die Schachtel mit den Erinnerungen sollte an einem sicheren und zugänglichen Ort aufbewahrt werden, an dem die Familie sie regelmäßig öffnen und sich an den Verstorbenen erinnern kann.

Dieses Ritual kann eine tiefgreifende und heilsame Erfahrung für die Familie sein, um gemeinsam Abschied zu nehmen und die Erinnerung an den Verstorbenen zu bewahren. Es ermöglicht den Familienmitgliedern, ihre Trauer zu teilen und sich gegenseitig Trost zu spenden, während sie die gemeinsamen Erinnerungen an den geliebten Menschen ansehen.

Die Erinnerungskiste kann eine beruhigende und unterstützende Rolle im Trauerprozess von Kindern spielen, indem sie ihm einen konkreten Ort bietet, um seine Gefühle auszudrücken und sich mit den Erinnerungen an seinen verstorbenen Herzensmenschen zu verbinden.

8.4 Ein Erinnerungsbuch für den Verstorbenen gestalten

Ein kostbares Geschenk der Liebe

In Zeiten des Abschieds und der Trauer kann es unglaublich schwer sein, die richtigen Worte zu finden oder die Gefühle angemessen auszudrücken. Manchmal scheint es, als würde uns die Trauer überwältigen und unsere Erinnerungen an den geliebten Menschen verblassen lassen. Doch in diesen Momenten der Dunkelheit gibt es einen wunderbaren Weg, um das Licht der Erinnerung am Brennen zu halten – ein Erinnerungsbuch für den Verstorbenen.

Ein Erinnerungsbuch ist mehr als nur ein Album oder ein Tagebuch. Es ist ein heiliger Raum, in dem du deine Gedanken, Gefühle und Erinnerungen festhalten kannst. Hier kannst du all die kleinen Momente und großen Abenteuer, die du mit dem Verstorbenen geteilt hast, wieder zum Leben erwecken. Es ist ein Ort der Verbindung, an dem du dich mit deinen Emotionen auseinandersetzen und deine Trauer auf deine eigene Weise ausdrücken kannst.

Gestalte dieses Buch ganz nach deinem Herzen. Fülle es mit Erinnerungen, die dich zum Lachen bringen, mit Geschichten, die deine Seele berühren, und mit Bildern, die das Lächeln des Verstorbenen für immer festhalten. Schreibe Gedichte, zeichne Bilder oder klebe kleine Souvenirs ein – es gibt keine Regeln dafür, wie dein Erinnerungsbuch aussehen sollte. Es ist dein persönliches Geschenk an den geliebten Menschen und an dich selbst.

Wenn du dich einsam fühlst oder das Verlangen hast, dem Verstorbenen nahe zu sein, öffne dieses Buch und lass die Erinnerungen dich umarmen. Lass die Seiten zu einem geeigneten Ort werden, das dich zurückführt zu den glücklichen Momenten und den kostbaren Erinnerungen, die du mit dem Verstorbenen geteilt hast. Es mag Momente der Trauer geben, aber es wird auch Momente des Trostes und der Freude geben, wenn du erkennst, wie reich dein Leben durch die Liebe des Verstorbenen ist.

Ein Erinnerungsbuch für den Verstorbenen ist nicht nur ein Geschenk der Liebe an denjenigen, der gegangen ist, sondern auch an dich selbst. Es ist ein Symbol für deine Stärke und deine Fähigkeit, selbst in den dunkelsten Stunden das Licht der Erinnerung zu finden. Es ist ein Ort der Heilung und des Wachstums, an dem du deine Trauer ehren und deine Liebe feiern kannst.

Möge dieses Buch dir Trost spenden und dir helfen, die Erinnerungen an den Verstorbenen lebendig zu halten. Möge es dir Kraft geben, wenn du sie brauchst, und dich daran erinnern, dass die Liebe niemals endet, selbst wenn wir Abschied nehmen müssen.

8.5 Ein Gedankenglas gestalten

Anleitung:

1. **Finde ein schönes Glas**
   Suche dir ein Glas aus, das dir besonders gut gefällt. Es kann groß oder klein sein, bunt oder einfarbig. Wähle ein Glas, das du gerne betrachtest und das dir ein gutes Gefühl gibt.

2. **Gestalte dein Glas**
   Nun kannst du dein Glas nach deinen Wünschen gestalten! Du kannst es bemalen, bekleben oder mit Aufklebern verzieren. Lass deiner Fantasie freien Lauf und mache dein Gedankenglas einzigartig.

3. **Schreibe deine Gedanken auf**
   Immer wenn du traurig bist oder dir Gedanken machst, kannst du sie auf einen kleinen Zettel schreiben. Schreibe deine Gedanken so auf, wie sie dir in den Sinn kommen, ganz ehrlich und ohne Angst.

4. **Lege die Zettel ins Glas**
   Sobald du deine Gedanken aufgeschrieben hast, falte die Zettel zusammen und lege sie in dein Glas. Dein Gedankenglas wird mit jeder Notiz, die du hineinlegst, stärker und kraftvoller.

5. **Zeit für Gespräche**
   Einmal in der Woche setzt du dich mit jemandem zusammen, dem du vertraust. Gemeinsam zieht ihr einen Zettel aus dem Gedankenglas und sprecht darüber. Du kannst erzählen, was dich bewegt und wie du dich fühlst.

6. **Freunde dich mit deinen Gefühlen an**
   Indem du über deine Gedanken sprichst, lernst du, sie besser zu verstehen und anzunehmen. Dein Gedankenglas wird dir helfen, deine Gefühle zu ordnen und mit ihnen umzugehen. Es kann dein Begleiter sein auf deinem Trauerweg.

Vergiss nicht, dass du nicht alleine bist. Es gibt immer Menschen, die für dich da sind und dir helfen wollen. Sei offen für ihre Unterstützung und gib dir selbst Zeit, deine Gefühle zu verarbeiten.

8.6 Schreiben hilft: Eine Anleitung für Kinder

Schreibwerkstatt in der Trauer für Kinder: Eine Anleitung

Schreiben kann eine wunderbare Art sein, Traurigkeit zu verarbeiten. Es hilft dir, deine Gefühle auszudrücken, Erinnerungen zu bewahren und zu verstehen, was in dir vorgeht. Diese Anleitung zeigt dir, wie du auf verschiedene Weisen schreiben kannst, um deine Trauer zu bewältigen.

1. Freies Schreiben

Beim freien Schreiben lässt du alle deine Gedanken einfach auf das Papier fließen. Stell dir einen Timer (z.B. 5 Minuten) auf deinem Handy und schreibe ohne Unterbrechung. Es ist egal, ob es Rechtschreibfehler gibt oder ob es Sinn macht. Hauptsache, du schreibst.

Beispiel: „Heute fühle ich mich traurig, weil ich meinen Opa vermisse. Er hat immer so schöne Geschichten erzählt und mir geholfen, wenn ich Probleme hatte. Ich wünschte, er wäre noch hier, damit wir wieder zusammen lachen können."

2. Gedichte

Gedichte helfen dir, deine Gefühle in einer kreativen Form auszudrücken. Du kannst Reime benutzen oder einfach Worte, die dir einfallen.

Beispiel:
Mein Herz ist schwer,
denn du bist nicht mehr hier.
Doch in meinem Traum
bist du immer bei mir.

3. Elfchen

Ein Elfchen ist ein kleines Gedicht aus elf Wörtern, das aus fünf Zeilen besteht. Es hilft dir, deine Gedanken kurz und klar auszudrücken.

Struktur:	Beispiel:
1. Zeile: Ein Wort	Trauer
2. Zeile: Zwei Wörter	macht traurig
3. Zeile: Drei Wörter	ich vermisse dich
5. Zeile: Vier Wörter	denke immer an dich
6. Zeile: Ein Wort	Liebe

4. Erinnerungen aufschreiben

Schreibe eine kurze Geschichte oder ein Erlebnis auf, das du mit der verstorbenen Person hattest. Das hilft dir, die schönen Momente in Erinnerung zu behalten.

Beispiel: „Ich erinnere mich an den Tag, als Oma und ich zusammen Kuchen gebacken haben. Wir haben so viel gelacht, als das Mehl überall in der Küche verteilt war. Ihr Lachen war so ansteckend und wir haben den leckersten Kuchen gebacken, den ich je gegessen habe."

5. Briefe schreiben

Schreibe einen Brief an die Person, die du vermisst. Du kannst darin alles sagen, was du möchtest.

Beispiel: „Lieber Opa, ich vermisse dich so sehr. Es ist so komisch ohne dich. Ich wünschte, wir könnten noch einmal zusammen angeln gehen. Danke, dass du mir immer geholfen hast und dass du mir gezeigt hast, wie man einen richtigen Knoten macht. Ich denke oft an dich. Dein Enkel."

6. Dankbarkeitsliste

Schreibe eine Liste mit Dingen, die du mit der verstorbenen Person erlebt hast und für die du dankbar bist. Das hilft dir, an die schönen Erinnerungen zu denken.

Beispiel:

- Danke, dass du mir immer Geschichten vorgelesen hast.
- Danke für die vielen gemeinsamen Spieleabende.
- Danke, dass du immer für mich da warst, wenn ich traurig war.
- Danke für all die liebevollen Umarmungen.

7. Bilder und Geschichten

Male ein Bild oder schreibe eine kurze Geschichte, die zeigt, wie du dich fühlst. Bilder können genauso gut Gefühle ausdrücken wie Worte.

Beispiel: Male ein Bild von dir und der Person, die du vermisst, wie ihr etwas Schönes zusammen macht, wie zum Beispiel im Park spielen oder ein Buch lesen.

Diese verschiedenen Schreibformen können dir helfen, deine Gefühle besser zu verstehen und auszudrücken. Probiere verschiedene Methoden aus und finde heraus, was dir am meisten hilft. Schreiben kann ein wertvolles Werkzeug sein, um mit deiner Trauer umzugehen.

8.6.1 Malen statt Schreiben: Kreativer Ausdruck für Kinder

Eine Anleitung zum Malen:
Wenn ein Kind noch nicht schreiben kann, ist Malen eine hervorragende Möglichkeit, um Gefühle auszudrücken und Trauer zu verarbeiten. Bilder können oft genauso viel aussagen wie Worte und helfen Kindern, ihre Emotionen zu verstehen und zu kommunizieren.

Wichtiger Hinweis für Erwachsene
Erwachsene sollten die Bilder des Kindes nicht beurteilen oder interpretieren. Es ist wichtig, dass die Kunstwerke des Kindes wertfrei betrachtet werden. Die Bilder sind ein Teil des Verarbeitungsprozesses und sollten nicht kritisiert oder analysiert werden. Ermutige das Kind, sich auszudrücken, ohne dass es Angst vor einer Bewertung haben muss.

1. Freies Malen
Ermuntere das Kind, einfach drauflos zu malen, ohne sich Gedanken über das Ergebnis zu machen. Gib ihm verschiedene Farben und Papiere und lass es seine Gefühle frei ausdrücken.
Anleitung: „Nimm dir ein Blatt Papier und deine Lieblingsfarben. Male einfach alles, was dir in den Sinn kommt. Es gibt kein „Richtig" oder „Falsch". Vielleicht möchtest du einen sonnigen Tag malen, wenn du dich glücklich fühlst, oder einen regnerischen, wenn du traurig bist."

2. Erinnerungen malen
Lass das Kind ein Bild von einer schönen Erinnerung mit der verstorbenen Person malen. Das hilft, positive Momente festzuhalten und sich daran zu erfreuen.
Anleitung: „Denk an eine schöne Zeit, die du mit Oma oder Opa hattest. Vielleicht habt ihr zusammen gespielt oder einen Ausflug gemacht. Male ein Bild von dieser Erinnerung. Es wird dir helfen, an die guten Zeiten zu denken."

3. Gefühle malen
Ermutige das Kind, seine Gefühle zu malen. Es kann Farben und Formen wählen, die seine Traurigkeit, Wut, Freude oder Liebe ausdrücken.
Anleitung: „Wenn du traurig bist, welche Farbe würdest du wählen? Wenn du fröhlich bist, welche dann? Male ein Bild, das zeigt, wie du dich gerade fühlst. Es kann abstrakt sein – vielleicht nur Formen und Farben – oder etwas Konkretes."

4. Malen von Lieblingssachen

Lass das Kind Dinge malen, die es mit der verstorbenen Person verbunden hat, wie gemeinsame Lieblingsessen, Spielzeuge oder Orte.

Anleitung: „Was hast du am liebsten mit Papa gemacht? Habt ihr zusammen Eis gegessen oder seid in den Park gegangen? Male ein Bild von eurer Lieblingsbeschäftigung."

5. Fantasiegeschichten malen

Ermutige das Kind, eine Fantasiegeschichte zu malen, in der es die verstorbene Person trifft und ein Abenteuer erlebt. Das hilft, den Verlust in einer kreativen Weise zu verarbeiten.

Anleitung: „Stell dir vor, du triffst deine Mama oder deinen Papa in einem Traum. Wo würdet ihr hingehen? Was würdet ihr erleben? Male ein Bild von diesem Abenteuer."

6. Dankbarkeitsbilder

Lass das Kind Bilder malen von Dingen, für die es dankbar ist, die es mit der verstorbenen Person erlebt hat.

Anleitung: „Überlege dir, wofür du Oma oder Opa dankbar bist. Vielleicht hat sie dir tolle Geschichten erzählt oder er hat dir beim Fahrradfahren geholfen. Male ein Bild, das zeigt, wofür du dankbar bist."

7. Bilderrahmen gestalten

Gib dem Kind einen Bilderrahmen und lass es ein Bild von sich selbst mit der verstorbenen Person malen und dann den Rahmen dekorieren. So hat es eine schöne Erinnerung, die es immer ansehen kann.

Anleitung: „Male ein Bild von dir und der Person, die du vermisst. Du kannst einen Bilderrahmen mit buntem Papier, Stickern oder Glitzer dekorieren und dein Bild einrahmen. So hast du eine schöne Erinnerung, die du immer anschauen kannst."

Malen kann eine kraftvolle Methode sein, um Trauer zu verarbeiten, besonders für Kinder, die noch nicht schreiben können. Diese verschiedenen Ansätze helfen Kindern, ihre Gefühle auszudrücken und positive Erinnerungen zu bewahren. Es ist wichtig, dass Erwachsene die Kunstwerke des Kindes respektieren und ihnen Raum geben, ohne sie zu bewerten oder zu interpretieren. Ermutige das Kind, regelmäßig zu malen und seine Kunstwerke zu teilen und darüber zu sprechen, wenn es möchte.

8.7 Tanz als Ausdruck der Trauer für Kinder

Tanzen kann für Kinder eine wunderbare Möglichkeit sein, ihre Gefühle zu zeigen und ihre Trauer zu verarbeiten. Hier sind einige einfache Tänze, die Kindern helfen können, ihre Emotionen auszudrücken und sich besser zu fühlen.

1. Fegetanz

Beschreibung: Beim Fegetanz stellst du dir vor, dass du mit deinen Händen den Staub von deinem Körper fegst. Du kannst wild herumtanzen und so tun, als ob du alle traurigen Gedanken wegfegen würdest.

Musik: Schnelle, fröhliche Musik, bei der man gut herumhüpfen kann.

Bedeutung: Dieser Tanz hilft dir, dich von traurigen Gefühlen zu befreien und dich wieder leicht und fröhlich zu fühlen.

2. Wilder Trommeltanz

Beschreibung: Beweg dich so, wie du möchtest, während Trommeln im Hintergrund spielen. Du kannst stampfen, springen und dich ganz frei bewegen.

Musik: Lautes Trommeln oder Musik mit starkem Rhythmus.

Bedeutung: Dieser Tanz gibt dir die Möglichkeit, all deine Energie herauszulassen und dich danach freier und weniger angespannt zu fühlen.

3. Regentropfen-Tanz

Beschreibung: Bewege dich langsam und tue so, als ob du Regentropfen bist, die vom Himmel fallen. Du kannst sanft mit den Armen wedeln und dich wie Wasser bewegen.

Musik: Klaviermusik oder beruhigende Melodien.

Bedeutung: Dieser Tanz hilft dir, deine Traurigkeit zu spüren und zu akzeptieren. Wie Regentropfen, die fallen und dann verschwinden, kannst du deine Tränen fließen lassen und dich danach besser fühlen.

4. Erdentanz

Beschreibung: Tanze barfuß auf dem Boden und spüre die Erde unter deinen Füßen. Bewege dich langsam und fühle dich fest und stark wie ein Baum.

Musik: Naturklänge wie Vogelgezwitscher oder ruhige Trommelmusik.

Bedeutung: Dieser Tanz gibt dir ein Gefühl von Sicherheit und Halt. Wenn du dich traurig fühlst, kann dieser Tanz dir helfen, dich wieder fest und stark zu fühlen.

5. Lichtertanz

Beschreibung: Halte kleine Lichter oder Taschenlampen in den Händen und bewege dich langsam im Dunkeln. Lass die Lichter Kreise und Muster machen.

Musik: Leichte, fröhliche Musik wie z.B. Harfenklänge.

Bedeutung: Der Lichtertanz zeigt dir, dass auch in dunklen Zeiten immer ein Licht da ist. Dieser Tanz macht dich hoffnungsvoll und hilft dir, dich auf die schönen Dinge im Leben zu konzentrieren.

6. Freundschaftstanz

Beschreibung: Tanze mit deinen Freunden oder Geschwistern. Ihr könnt euch an den Händen halten und zusammen im Kreis tanzen.

Musik: Fröhliche Musik, die ihr gerne mögt.

Bedeutung: Dieser Tanz erinnert dich daran, dass du nicht alleine bist. Zusammen mit anderen zu tanzen, macht Spaß und gibt dir das Gefühl, dass ihr gemeinsam stark seid.

Diese Tänze sind einfach und machen Spaß. Sie helfen Kindern, ihre Gefühle zu zeigen und zu verarbeiten. Durch Bewegung und Musik können Kinder ihre Trauer auf eine gesunde Weise ausdrücken und sich besser fühlen.

8.8 Erinnerungsfeuer mit Traumfängern

Zeremonie - Erinnerungsfeuer mit Traumfängern:
Der Traumfänger ist ein indianisches Symbol, das traditionell dazu verwendet wird, böse Träume abzuwehren und nur gute Träume durchzulassen. Er besteht normalerweise aus einem ringförmigen Rahmen, der mit einem Netz aus Fäden oder Schnüren bespannt ist, oft mit Federn und Perlen verziert. Die Legende besagt, dass der Traumfänger über dem Bett aufgehängt wird und während des Schlafs böse Träume einfängt und sie dann am Morgen durch das Sonnenlicht neutralisiert.

In diesem Feuerritual für Kinder verwenden wir den Traumfänger als Symbol für Schutz und Bewahrung der Erinnerungen an den Verstorbenen. Die Kinder haben die Möglichkeit, positive Erinnerungen oder besondere Träume an die verstorbene Person zu schreiben oder zu malen. Diese Erinnerungen werden dann an dem Traumfänger befestigt. Bevor die Zettel verbrannt werden, können wir den Traumfänger um das Feuer herum hängen. Das Feuer symbolisiert den Übergang der Erinnerungen und Träume zu der verstorbenen Person, während der Traumfänger sie schützt und bewahrt.

Durch die Verwendung des Traumfängers in diesem Ritual können die Kinder auf symbolische Weise ihre Gefühle ausdrücken und sich mit der verstorbenen Person verbunden fühlen, während sie gleichzeitig ein Gefühl von Sicherheit und Trost erfahren.

Anleitung, wie du einen Traumfänger basteln kannst:

Materialien:
- Ein flexibler Draht, wie z.B. ein biegsamer Metallring oder ein Stück Weidenzweig in Form eines Rings
- Natürliche Schnur oder Garn in einer Farbe deiner Wahl
- Federn, Perlen, Muscheln oder andere dekorative Elemente (optional)
- Heißklebepistole (optional)
- Schere
- Kleine Zangen (optional, um den Draht zu schneiden)

Anleitung:

Vorbereitung des Rings:

- Falls du keinen fertigen Ring hast, forme den Draht oder den Weidenzweig zu einem Ring. Stelle sicher, dass der Ring fest und gleichmäßig ist. Ein Durchmesser von 10 – 15 cm wird für den Ring empfohlen.

Erstellen des Netzwerks:

- Um das Garn als Netzwerk um den Ring zu weben, folge diesen Schritten:
- Beginne am äußeren Rand des Rings. Binde das Garn fest an einer beliebigen Stelle des Rings an und lasse einen Schwanz von etwa 10-15 cm Länge hängen, den du später zum Aufhängen des Traumfängers verwenden kannst.

Erster Wickel um den Ring:

- Nachdem du das Garn festgebunden hast, wickle es einmal um den Ring, um einen Ankerpunkt zu schaffen. Ziehe das Garn fest, damit es nicht verrutscht.

Das Netzwerk beginnen:

- Nachdem du den Ankerpunkt geschaffen hast, beginne das Netzwerk zu erstellen, indem du das Garn spiralförmig um den Ring wickelst. Achte darauf, dass die Abstände zwischen den gewickelten Linien gleichmäßig sind und etwa 1 – 2 cm betragen.
- Nach jedem Wickel solltest du das Garn festziehen, damit es sicher am Ring bleibt.

Weiterarbeiten bis zum Zentrum:

- Arbeite dich langsam spiralförmig vom äußeren Rand des Rings zum Zentrum vor, indem du das Garn nun jeweils zwischen zwei Knoten der vorhergehenden Runde um den gespannten Faden wickelst. Je näher du dem Zentrum kommst, desto kleiner werden die Abstände zwischen den gewickelten Linien.
- Achte darauf, das Garn bei Bedarf festzuziehen, um sicherzustellen, dass das Netzwerk stabil ist.

Abschluss des Netzwerks:

- Wenn du das Zentrum des Rings erreicht hast oder die gewünschte Größe des Netzwerks erreicht hast, verknote das Ende des Garns fest und schneide es ab.

Dekoration:

- Wenn du das Netzwerk fertiggestellt hast, kannst du deinen Traumfänger nach Belieben dekorieren. Füge Federn, Perlen, Muscheln oder andere dekorative Elemente hinzu, indem du sie mit dem Schnurgarn befestigst oder mit einer Heißklebepistole auf das Netzwerk klebst.

Fertigstellung:

- Sobald du mit der Dekoration zufrieden bist, verknote das Ende des Garns und schneide es ab. Stelle sicher, dass alle Knoten sicher und fest sind.
- Falls gewünscht, kannst du einen Aufhänger aus dem überschüssigen Garn machen, den du am Anfang des Rings gelassen hast.

Das ist alles!
Dein eigener handgemachter Traumfänger ist nun fertig.

Im Internet findest du zahlreiche kreative Bastel-Anleitungen für wunderschöne Traumfänger.

Zeremonie – Erinnerungsfeuer mit Traumfängern:

- **Materialien:** Traumfänger (können selbst gemacht oder gekauft werden), kleine Zettel, Feuerschale oder sicherer Feuerplatz.
- Heute möchten wir gemeinsam eine besondere Erinnerung für (Name des Verstorbenen) schaffen. Du hast die Möglichkeit, eine positive Erinnerung oder einen besonderen Traum an (Name des Verstorbenen) auf einen Zettel zu schreiben oder zu malen. Dieser Zettel wird am Traumfänger befestigt. Bevor die Zettel verbrannt werden, können wir die Traumfänger um das Feuer herum hängen (wenn es mehrere sind). Das Feuer symbolisiert den Übergang der Erinnerungen und Träume zu (Name des Verstorbenen), während der Traumfänger sie schützt und bewahrt.

Dieses Feuerritual lädt das Kind ein, sich emotional verbunden zu fühlen und seine Gedanken auf eine kreative und symbolische Weise auszudrücken.

8.9 Feuerrituale für Klein und Groß

Erinnerungsfeuer mit Blumenkränzen:

Materialien: Blumen, Zweige, Draht, Feuerschale oder sicherer Feuerplatz.

Die Kinder können Blumen und Zweige sammeln, um daraus kleine Blumenkränze basteln. Jedes Kind kann einen Blumenkranz gestalten und in die Feuerschale legen. Bevor die Kränze verbrannt werden, können die Kinder über ihre Erinnerungen an den Verstorbenen sprechen. Das Verbrennen der Kränze symbolisiert die Vergänglichkeit des Lebens und die Erinnerungen, die im Herzen bleiben.

Erinnerungsfeuer:

Jedes Kind bekommt einen Zettel, auf die das Kind seine Erinnerungen an den Verstorbenen schreiben oder malen kann. Diese können Dinge sein, die sie an der Person mochten, lustige Erlebnisse, die sie geteilt haben, oder Dinge, die sie von der Person gelernt haben. Sobald die Zettel von jedem Kind eingesammelt wurden, können sie in einer Feuerschale verbrannt werden. Während die Zettel verbrennen, können die Kinder darüber sprechen, warum sie diese Erinnerungen schätzen und wie sie sich fühlen.

Rituelles Verbrennen von Gegenständen:

- **Materialien:** Persönliche Gegenstände, wie z.B. Briefe, Fotos, Feuerschale oder Feuerkorb.
- **Erklärung:** Jedes Kind oder jeder Erwachsener kann persönliche Gegenstände oder Briefe mitbringen, die es /sie mit dem Verstorbenen verbinden.
  Diese werden dann in einem rituellen Feuer verbrannt. Das Verbrennen der Gegenstände symbolisiert das Loslassen der Vergangenheit und den Übergang zu einem neuen Kapitel.

Feuerkreis der Dankbarkeit:

Die Kinder und Erwachsenen können sich um ein zentrales Feuer versammeln und abwechselnd etwas teilen, wofür sie in Verbindung mit dem Verstorbenen dankbar sind. Dies können positive Eigenschaften, besondere Erinnerungen oder inspirierende Momente sein, die sie mit der Person erlebt haben. Das Feuer dient als Symbol für das Licht und die Wärme, die der Verstorbene in ihrem Leben hinterlassen hat.

Feuertanz der Erinnerungen:

- **Materialien:** Musik, Feuerschale oder Lagerfeuer.
- **Erklärung:** Die Kinder und Erwachsenen können sich im Rhythmus der Musik um das Feuer bewegen und dabei ihre Gedanken und Gefühle ausdrücken. Während des Tanzes können sie sich an besondere Momente mit dem Verstorbenen erinnern und ihre Verbundenheit mit ihm spüren. Der Feuertanz symbolisiert den Lebenszyklus und die Verbindung mit dem Verstorbenen.

Diese Feuerrituale laden Kinder und Erwachsene ein, sich emotional verbunden zu fühlen und ihre Gefühle auf eine heilsame Weise auszudrücken, während sie gemeinsam den Verlust eines geliebten Menschen verarbeiten.

Schlusswort

Abschied und Trauer sind unvermeidliche Teile unseres Lebens. Dieses Buch ist für dich und deine Familie geschaffen worden, um euch zu helfen, mit dem Verlust umzugehen und Trost zu finden. In Zeiten der Trauer ist es wichtig, offen und ehrlich miteinander zu reden, euren Gefühlen Raum zu geben und kreative Wege zu finden, eure Erinnerungen zu bewahren.

Die Rituale, Fallbeispiele und kreativen Ansätze in diesem Buch sollen dir und deinen Kindern helfen, Trauer besser zu verstehen und zu durchleben. Sie bieten nicht nur Unterstützung im Umgang mit euren eigenen Gefühlen, sondern zeigen auch, wie ihr anderen in ihrer Trauer beistehen könnt.

Unsere Geschichten und persönlichen Erlebnisse sind Brücken, die uns miteinander verbinden. Sie zeigen, dass du in deiner Trauer nicht allein bist. Jede Familie und jeder Trauerprozess ist einzigartig – es gibt keine „richtige" Art zu trauern.
Es gibt jedoch viele hilfreiche Wege, die wir gehen können, um Heilung und Frieden zu finden.

Ich wünsche, dass dieses Buch dir als Begleiter in schweren Zeiten dient, dir Trost spendet und dir zeigt, dass es trotz des Schmerzes und des Verlustes auch Momente der Hoffnung und des Lichtes gibt. Nimm dir die Zeit, die du und deine Kinder brauchen, um zu trauern und zu heilen. Erlaubt euch, Erinnerungen zu bewahren und neue Rituale zu entdecken, die den Verstorbenen ehren und das Leben feiern.

Danke, dass du uns auf dieser Reise begleitet hast. Möge dieses Buch dir und deinen Lieben helfen, den Weg durch die Trauer zu finden und neuen Mut und neue Hoffnung zu schöpfen.